I0831242

Memorias globalizadas

Guadalupe Pérez Anzaldo /
Demetrio Anzaldo González (eds.)

Memorias globalizadas

Antología crítica en torno a la literatura latinoamericana

PETER LANG

Bibliographic Information published by the Deutsche Nationalbibliothek
The Deutsche Nationalbibliothek lists this publication in the Deutsche Nationalbibliografie; detailed bibliographic data is available online at http://dnb.d-nb.de.

Cover illustration: © Guadalupe Pérez Anzaldo

ISBN 978-3-631-81849-7 (Print)
E-ISBN 978-3-631-83495-4 (E-PDF)
E-ISBN 978-3-631-83496-1 (EPUB)
E-ISBN 978-3-631-83497-8 (MOBI)
DOI 10.3726/b17676

Peter Lang – Berlin · Bern · Bruxelles · New York · Oxford · Warszawa · Wien

This publication has been peer reviewed.

www.peterlang.com

Índice

Agradecimientos

Para:

Hannah Carbajal, Greg Schelonka, Demetrio Anzaldo González,
Verónica Quezada, Gabriela Valenzuela Navarrete,
Guadalupe Pérez Anzaldo y Cynthia Meléndrez

La palabra vive, vivimos en las letras

Amigos, amigas, despiertos acudimos al instante presente. Libres vertimos sentidos y sentimientos, queremos lanzar a los cuatro vientos gozo, alegría, candor en este simbólico abrazo fraternal para todas y cada uno de ustedes y nosotros. Este presente escrito nace en homenaje a nuestra amistad y como un agradecimiento sincero a su bella escritura, esa misma que alentada por los aires humanos envuelve a nuestras memorias globalizadas.

Junto sigamos disfrutando conversaciones, investigaciones, preparaciones, convivios, ediciones y nuevos encuentros en esta nuestra enseñanza, difusión y labor crítica. Porque al recorrer trazos, giros, voces, pensamientos e imágenes impresos en estos siete ensayos, los ecos de sus voces resuenan gratamente en la conciencia lectora y a lo largo de las lecturas. Esas, sus y nuestras palabras le dan forma y sentido a estos escritos que dialogan al interior del texto. Con ellas y ellos se le da vida a un pensamiento inquieto, investigativo y se abren las puertas a una comunicación abierta. Podría argumentarse que al intentar releerlas existan y sean una invitación al diálogo, llanamente digamos ciertos, felicitaciones por esta lograda antología; en ella conviven la amistad y el respeto al estudio de las artes, a la literatura. Al mismo tiempo, compartimos en esta labor investigativa y de creación literaria, nuestro amor por una sociedad universal, libre. Muchas gracias, sigamos juntos…vale

Demetrio Anzaldo González
Otoño del 2020

Introducción

Esta antología que el lector tiene en sus manos consta de ocho ensayos crítico-literarios, dos escritos en inglés y el resto en español, sobre la literatura latinoamericana contemporánea. Las aportaciones que estos estudios inéditos ofrecen a la crítica especializada son relevantes porque se enfocan en textos de distintos géneros literarios – poesía, cuento, novela y ensayo – publicados en las últimas décadas; además de que exploran nuevas perspectivas acerca de la realidad social, cultural y política globalizada. En ese sentido, este compendio crítico tiene como uno de sus objetivos dar a conocer las propuestas disidentes de escritoras y escritores que, en su mayoría, han quedado al margen del canon literario y que tienen en común los temas de migración, globalización, memoria e identidad. Por consiguiente, en estos ensayos, se intentan demostrar las complejidades del mundo globalizado y su impacto transnacional en los colectivos humanos que lo habitan. Las novedosas aproximaciones críticas de los profesores investigadores reunidos en este proyecto interdisciplinario son el resultado de las ideas vertidas e inquietudes compartidas entre ellos en diferentes paneles, sesiones, talleres y conferencias nacionales e internacionales. Cabe enfatizar que las propuestas críticas presentes en los ensayos aquí reunidos comunican, comparten e invitan a dialogar sin cortapisas con el público lector.

La relevancia de estas *Memorias globalizadas* radica en que, siguiendo la pauta que ha predominado en los estudios académicos de las últimas décadas, aquí se analizan los temas antes referidos poniendo especial atención a la interrelación que hay entre ellos, así como también tomando en cuenta su contexto sociopolítico, económico, social y cultural. Como lo demuestran los ensayos críticos literarios antologados, la complejidad del proceso de migración, por ejemplo, hace necesario que se abarque la variedad de causas que generan este fenómeno – entre las que se encuentran: conflictos armados, crisis económicas, persecución política, cambio climático y persecución étnica, religiosa y racial – así como también las dinámicas de adaptación y asimilación de los sujetos desplazados a las culturas de las naciones receptoras. Los desastres causados en las últimas décadas por el sistema neoliberal, implementado tanto en regímenes totalitarios como en aquellos denominados democráticos, siguen soliviantando a millones de seres humanos pertenecientes a las clases más desprotegidas en el mundo y obligando a la movilización de generaciones enteras que incursionan por las diferentes ciudades y poblados del mundo real.

En particular, la globalización – la cual se ha sustentado y estigmatizado en el sistema capitalista y es controlada por gobernantes y corporaciones multinacionales – ha facilitado que las fronteras espaciales y temporales de las naciones-estado se hagan fluidas. Lo anterior coincide con las teorizaciones hechas por el sociólogo inglés Anthony Giddens, para quien la modernidad conlleva al resquebrajamiento de los vínculos entre el tiempo y el espacio; dado que lo que ocurre a nivel local se estructura, simultáneamente, con base en acontecimientos y directrices que operan en lugares distantes (Giddens 64). Así, se complejizan aún más las relaciones humanas dentro de los estado-nación, puesto que en las ciudades globalizadas del mundo actual no solo conviven y se entremezclan mareas humanas de diversos orígenes étnicos, raciales y sociolingüísticos, sino que paralelamente interactúan gracias a las tecnologías modernas con individuos que habitan ciudades ubicadas en otras latitudes y temporalidades del planeta; por lo que su entorno geográfico, cultural y social es homogeneizado por el discurso dominante. Estos cambios que se suscitan a nivel mundial crean nuevos registros históricos y culturales donde se intenta plasmar un movimiento continuo inmanente al desarrollo humano.

Esta interacción simultánea y continua entre distintos registros culturales de la gente multicultural que habita en las ciudades globalizadas de nuestro mundo actual es también enfatizada por Néstor García Canclini en su libro *Consumidores y ciudadanos*, donde liga la globalización con las que él denomina identidades posmodernas. De acuerdo a su análisis, estas últimas se diferencian de las identidades modernas en que son:

> [*T*]*ransterritoriales y multilingüísticas*. Se estructuran menos desde la lógica de los Estados que de los mercados; en vez de basarse en las comunicaciones orales y escritas que cubrían espacios personalizados y se efectuaban a través de interacciones próximas, operan mediante la producción industrial de cultura, su comunicación tecnológica y el consumo diferido y segmentado de los bienes. La clásica definición *socioespacial* de identidad, referida a un territorio particular, necesita complementarse con una definición *sociocomunicacional*. (Énfasis del autor, 31)

Por lo tanto, para Canclini es importante demarcar la nueva conceptualización identitaria del individuo quien realiza intercambios económicos y culturales – tanto de forma individual como colectiva – más allá del espacio físico y temporal en que habita. Asimismo, estas identidades posmodernas coexisten en sus lugares de origen con inmigrantes llegados desde diferentes latitudes del planeta, quienes subvierten y complejizan aún más los parámetros culturales y lingüísticos pretendidamente homogéneos promovidos por el discurso nacionalista. Como también lo advierte Canclini, "[p]ierden fuerza, entonces, los referentes jurídico-políticos de la nación, formados en la época en que la identidad se vinculaba exclusivamente con territorios propios".

Cabe considerar que, si bien en el mundo actual la mayoría de los ciudadanos alrededor del mundo puede gozar de los beneficios y responsabilidades de contar con una o varias nacionalidades conjuntamente, y por ello mismo pueden desplazarse por diversas fronteras geopolíticas sin ningún impedimento legal, también sucede que millones más carecen siquiera de una sola ciudadanía debido, principalmente, a los persistentes conflictos armados en sus antiguas naciones. Es decir que el sentido de pertenencia a determinado territorio nacional, o la adquisición de la ciudadanía referente a la nación de origen, no lo garantiza el haber nacido ahí; así como tampoco lo refrenda el hecho de haberse visto forzado a emigrar por razones más allá de la voluntad individual. Son ya numerosos los colectivos humanos desplazados – obligados principalmente por las guerras e invasiones que han predominado en las últimas décadas – que viven en un limbo legal, sin ningún documento legal que les permita identificarse como ciudadanos de una determinada nación. Mención aparte merece el caso de aquellas naciones donde la religión es la que prescribe si un individuo nacido en su territorio puede ser considerado un ciudadano más o no, como es en el caso de la India.

En este punto es preciso enfatizar de qué manera los grupos hegemónicos que gobiernan a nivel global son los que determinan el rumbo que deben de tomar las vidas de quienes habitan el planeta, lo cual ejemplifica muy bien cómo las fronteras geopolíticas a pesar del rígido control gubernamental resultan porosas. En relación a Latinoamérica, cabe señalar que dicho poder transnacional se percibe también en las vidas de miles de inmigrantes (como aquellos procedentes de África, Haití, Cuba y sobre todo de Centroamérica), quienes a pesar de conservar la ciudadanía del país donde nacieron, no pueden satisfacer todos los estrictos requisitos impuestos en los últimos tres años por el gobierno estadounidense para ser admitidos en su territorio como refugiados. Ellos se ven obligados a vivir hacinados en las oficinas de migración mexicanas y otros espacios proporcionados por grupos proinmigrantes ubicados en las fronteras sur y norte de dicho país; pero aun en estos lugares, supuestamente temporales, han nacido ya los descendientes de algunos de estos migrantes en tránsito. Estos nacimientos en los países huéspedes multiplica y recrudece los desafíos para las familias de migrantes. Los arduos procesos políticos y sociales que estos colectivos de inmigrantes y refugiados enfrentan a diario ha hecho que muchos de ellos encuentren difícil el adaptarse al país anfitrión que no ha terminado por acogerlos, pero tampoco ha podido expulsarlos definitivamente de su estado-nación.

Asimismo, esas estrictas políticas migratorias estadounidenses han provocado que miles de ciudadanos de distintos países, pero principalmente de aquellas naciones que forman parte de Centroamérica, queden varados en México en un limbo legal. Debido principalmente a la dependencia económica que tanto México como Centroamérica tienen con respecto a su poderoso vecino del norte, sus gobiernos son incapaces de resolver la apremiante situación que afecta a estos inmigrantes que huyen por una multiplicidad de causas y situaciones de riesgo; entre las que se encuentra la violencia estructural que los mantiene viviendo en su país en la pobreza extrema, así como la violencia física proveniente de los carteles de la droga (a los cuales pertenecen las maras). En particular, este grupo migratorio, los centroamericanos, enfrentan todo tipo de abusos en su recorrido por México, principalmente de parte de los miembros del crimen organizado y de las mismas autoridades migratorias mexicanas. Si acaso logran alcanzar la frontera sur de los Estados Unidos, difícilmente lograrán convencer a las autoridades migratorias correspondientes de reconocer como válidas las causas que los han obligado a emigrar de sus países de origen, para adquirir el estatus de refugiados en la nación estadounidense. Sus anhelos por lograr una vida mejor se destruyen una vez que logran traspasar dicha línea divisoria, donde les espera un periplo aún peor; puesto que son perseguidos, separados de sus familias, vejados, enjaulados y algunas veces negligentemente asesinados bajo la supervisión de las autoridades migratorias de este país que, como varios otros, no respeta las leyes internacionales que protegen los derechos humanos.

Es así como la literatura latinoamericana se nutre y reproduce esta marca indeleble de los tiempos presentes, de los cuales somos testigos: la intensificación de los desplazamientos humanos, la complejidad de las relaciones humanas en las sociedades globalizadas y la diversificación de los procesos identitarios. De esta manera, además de replantearse en cada uno de los ensayos la relevancia de la memoria individual y colectiva, se ponen de relevancia los cambios geopolíticos y las transformaciones socioculturales que siguen afectando la vida en el mundo en general. Los ensayos críticos contenidos en estas *Memorias globalizadas*, por lo tanto, demuestran la atención que los escritores latinoamericanos le han dado a los temas de la migración, la globalización e identidad. En el primer ensayo, Hannah Carbajal toma como referente la problemática identitaria de los ciudadanos puertorriqueños, cuya memoria histórica ha sido reconstruida de acuerdo a los grupos dominantes, primero los españoles y después los estadounidenses, para analizar cómo se representa esta situación en la literatura producida en la isla. Carbajal centra su estudio en la poesía puertorriqueña producida entre 1962 y 1965, con especial énfasis en la escrita por el poeta, diplomático y activista Vicente Géigel Polanco. Entre las propuestas políticas que mantienen tanto la prosa como la poesía de Polanco, se encuentra el uso de terminología espiritual y religiosa, como es el caso del vocablo "awakening", con el fin de promover su proyecto de nación puertorriqueña al más alto nivel moral posible. Asimismo, Carbajal argumenta que Juan Gelpi recurre a la metáfora bíblica del aliento de vida en *El despertar*, para demostrar cómo el uso de dichas referencias religiosas son problemáticas, sobre todo cuando son acaparadas por una élite de intelectuales como a la que pertenece el mismo Géigel Polanco. La singularidad del estudio de Carbajal radica en demostrar cómo la poesía de los años sesenta intenta ser un vehículo para definir la identidad puertorriqueña, reconociendo al mismo tiempo, que dicha noción está inevitablemente inmersa en las potencias globales que han colonizado la isla.

Por su parte, Greg Schelonka retoma la novela neopolicial para explicar cómo este tipo de ficción sobre el crimen, el cual forma parte del sistema neoliberal y de la globalización que predomina en el mundo contemporáneo, es utilizado por los escritores latinoamericanos como un medio para exigir que la justicia deje de ser considerada como una mercancía más. Con ese propósito, Schelonka estudia las novelas *Belascoarán Shayne* y *Rainey* de Paco Ignacio Taibo II y *Rainey, el asesino* de Héctor Manjarrez como ejemplos de novelas neopoliciales donde se denuncia la incapacidad del Estado mexicano y argentino para impartir justicia. De ahí que sus protagonistas, quienes representan a un ingeniero civil y a un doctor, respectivamente, se conviertan en detectives para llenar ese vacío causado por el neoliberalismo y, con ello, sentir que están promoviendo la justicia social en su comunidad. Schelonka utiliza las teorizaciones de Iain Chambers para explicar cómo el inmigrante experimenta directamente la violencia producida a causa del desmoronamiento de los lazos que mantenían unidas a la sociedad y a las instituciones. Los protagonistas masculinos de ambos textos literarios simbolizan la problemática del inmigrante, dado que se sienten desplazados y solos en su propósito de transformar la sociedad globalizada que los rodea. De esta forma, la búsqueda por la justicia es lo que predomina en este tipo de narrativa.

La aproximación crítica hecha por Demetrio Anzaldo-González es un recorrido por la memoria literaria y testimonial que se enfoca en la obra emblemática de Sor Juana, *Primero sueño*, en constante diálogo con la novela autobiográfica *El cuerpo en que nací*, (2011) de Guadalupe Nettel. En su ensayo, Anzaldo-González compara esta herencia literaria de la monja mexicana con la novela de Nettel a partir de los elementos biográficos e históricos prevalentes en ambos textos enciclopédicos, puntualizando cómo ambas escritoras logran destacar en el universo literario controlado por los hombres gracias a su sapiencia y accionar. La novela de Guadalupe Nettel devela a una protagonista que irrumpe dentro de diferentes espacios culturales geopolíticos y encuentra en ellos las fuerzas que le dotan de una concientización que la libera, parcialmente, de la opresión del orden patriarcal mundial ejercido en contra de las mujeres. De igual manera, Anzaldo-González enfatiza la marginación sufrida por esta misma protagonista, quien significativamente es una joven mujer mexicana migrante que, al igual que la autora mexicana creadora de este mundo ficcional, sufre de una malformación física. Ella viaja por varios países de la aldea global, entre los que destacan Chile, Estados Unidos, Francia y México, solo para corroborar que los problemas sociales como son: la drogadicción, el suicidio, el racismo, el sexismo, feminicidio, etcétera, existen en este mundo globalizado actual que se precipita a la entropía.

Por otro lado, Verónica Quezada plantea que en la novela del periodista y escritor Antonio Ortuño, *La fila india* (2013), se representan las problemáticas sociales que provocan la migración de los centroamericanos que buscan como destino final los Estados Unidos. En este texto literario híbrido – mezcla de crónica y novela negra – se denuncia la violencia generada y propagada por un gobierno mexicano tanto inepto como corrupto, en contra de los hombres y mujeres centroamericanos que cruzan la frontera sur de México sin documentos. En esta historia ficcional, los personajes femeninos racializados tienen un papel protagónico, puesto que activamente luchan por una justicia muy difícil de conseguir en una sociedad globalizada donde la vida de los migrantes (en especial la de las mujeres) se comercializa brutalmente. Las mujeres migrantes son víctimas de la violencia genérica, por lo que son aún más vulnerables que sus contrapartes masculinas. De ahí que se involucren en el activismo social como una forma de sobrevivir en un mundo dominado por los hombres misóginos y racistas. México, a su vez, también ha sido secuestrado por los poderes globalizados impuestos desde Estados Unidos.

En cuanto al estudio de Gabriela Valenzuela debe señalarse que utiliza las teorías posmodernistas y estructuralistas sobre la parodia para llevar a cabo un análisis crítico de los efectos globalizadores sobre la sociedad mexicana (y latinoamericana) expuestos en la novela de Garza Lau, *Hipsteria* (2014). Este escritor mexicano irrumpe en las letras mexicanas re-creando un universo simbólico que sucede durante un periodo muy especial en la historia reciente de México: las campañas electorales del año 2012 y el nacimiento del Movimiento #Yo Soy 132. Valenzuela afirma que el uso de la parodia en la novela de Garza Lau tiene como finalidad el criticar la corrupción imperante en el sistema electoral mexicano, la subcultura de los *hípsters* influenciada principalmente por Estados Unidos y, sobre todo, el sistema capitalista globalizado que explota el talento cibernético y creativo de la generación *millennial* para el enriquecimiento de las grandes transnacionales. Para Lau, puntualiza Valenzuela, lo relevante es exponer los mayores problemas y defectos en esta compleja sociedad actual, cuya cultura ha sido homogeneizada por los grupos dominantes. La presencia paródica de los nuevos actores generacionales denunciando la corrupción que permea en la sociedad mexicana, le dotan a esta narrativa de un intenso sentido lúdico que logra convencer y concientizar al lector.

En su ensayo, Guadalupe Pérez-Anzaldo recurre a la noción de identidad nepántlica, conceptualizada por la escritora chicana Gloria Anzaldúa como aquella que se encuentra en un espacio intermedio y que es imposible de definir de una forma estática, para aproximarse críticamente a dos novelas autobiográficas de escritoras judíomexicanas. Pérez-Anzaldo explica de qué manera las protagonistas de *Tela de Sevoya* (2012) de Myriam Moscona y *Vida y peripecias de una buena hija de familia* (2015) de Sara Levi Calderón no se ajustan al modelo mestizo de identidad nacional promovido por el discurso dominante en México. La protagonista de la novela de Moscona, por ejemplo, es de origen judío-sefardita-búlgaro-mexicano, mientras que el personaje principal de la novela de Levi Calderón se configura como una mujer judía- askenazí-ucraniana-mexicana-americana que, además, es lesbiana. La genealogía multicultural y lingüística de estas subjetividades femeninas les permiten desplazarse fácilmente por varios espacios geopolíticos globales e identificarse con cada uno de ellos. Además, el espacio cibernético facilita el diálogo simultáneo y el intercambio cultural, visual y lingüístico entre varias subjetividades nepántlicas que habitan en diversas latitudes del planeta.

En lo que respecta al trabajo final compilado en esta antología, Cynthia Meléndrez se enfoca en la temática identitaria y de género sexual para analizar la colección de cuentos *Con la boca abierta y otros cuentos* (2018) de la escritora cubano-mexicana Odette Alonso. Meléndrez destaca que, en estas narraciones contestatarias situadas en México y en Cuba, la mujer deja de ser representada como el 'otro' del sujeto masculino y se transforma en una subjetividad con deseos sexuales fluidos que rompen con el sistema binario imperante en el mundo globalizado actual. Por lo tanto, argumenta Meléndrez, Alonso propone reformular la memoria colectiva, como un acto de resistencia, para incluir a la diversidad genérica-sexual; con ese propósito, visibiliza en sus cuentos las relaciones homoeróticas femeninas presentes en ambas sociedades patriarcales. Su idea es demostrar que la identidad de la mujer no es fácilmente definible, sino que existen diversas posibilidades del ser mujer. En estas historias también se expone y denuncia la violencia física y estructural perpetrada principalmente contra la mujer, a quien se le niega su condición de ser humano: con sentimientos, derechos y deseos sexuales propios. La violencia corrompe inclusive a las mismas protagonistas que fatalmente la reproducen en contra de otras mujeres.

Guadalupe Pérez-Anzaldo

Bibliografía

García Canclini, Néstor. *Consumidores y ciudadanos. Conflictos multiculturales de la globalización*. Grijalbo, 1995.

Giddens, Anthony. *The Consequences of Modernity*. California: Stanford University Press, 1990.

Capítulo 1

Hannah Carbajal

Remembering Hope: Vicente Géigel Polanco's Nostalgia for Noísmo and Return to Poetry (1962–65)

On Feb 1, 1951, the personal and political tensions between Luis Muñoz Marín and Vicente Géigel Polanco culminated in the latter's dismissal from his position as Attorney General (Duprey 550–52). To the dismay of Géigel Polanco and the advocates of independence, Muñoz Marín and the Popular Democratic Party (PPD) ushered in the legislation establishing Puerto Rico as a U.S. Commonwealth in 1952. After his exile in New York, Géigel Polanco returned to the Island in 1953, and then, almost ten years later, to poetry (Duprey 581).

Géigel Polanco is best known for his role as Attorney General and as a central figure in the so-called 1930s Generation as the author of essays centered on national identity. In more recent years, his works have been critiqued for their paternalistic tendencies as Juan Gelpí does best in *Literatura y paternalismo en Puerto Rico* (1993). Fewer people are aware of Géigel Polanco's participation in the Puerto Rican avant-garde group, *Grupo ¡No!* (1925–28), and fewer still of his return to the genre of poetry in the 1960s with the publication of three collections: *Canto del amor infinito* (1962), *Bajo el signo de Géminis: poemas de ayer y hoy* (1963), and *Canto de tierra adentro* (1965).

Through a return to poetry, he arrives at a literary space in which he is freed from the restraints of the essay's logical and linear arguments and appeals directly to the emotions and sense of spirituality in his readers, or as Josefina Rivera de Álvarez describes it, "volverá … por las sendas del verso, en la época de su madurez plena de vida y alma" (396). Of the three collections, the first is least like the other two as it is more lyric and personal in nature. While there are certainly elements from *Canto del amor infinito* that carry over into the following collections, my analysis focuses on *Bajo el signo de Géminis; poemas de ayer y hoy* and *Canto de tierra adentro.* As Rivera de Alvarez's words suggest, Géigel's later poetry is marked by nostalgia which I argue operates principally in two different modes: 1) nostalgia is manifested through allusions to earlier Noísta poetry. The poetic voice conjures a past characterized by youthful vigor and optimism and fosters hope in the capacity of the collective population to effect change. 2) The poetic voice remembers and retells moments from Puerto Rico's past which feature anti-colonial, anti-imperial, or revolutionary activity in an effort to offer proof or evidence corroborating the belief that Puerto Rico is capable, due, and "destined" for independence. In both of its forms, nostalgia in Géigel's later poetry comes as a response to political disenchantment and asks the reader to imagine an alternative to colonial subjugation.

Nostalgic Puerto Rican Poetry

Today, in 2018, Puerto Rico remains a colonial subject of the United States. The question of the political status of the Island is still contested as constituents are divided into camps supporting statehood, the status quo of commonwealth, a newer subgroup interested in a "state of free association," and a small minority in favor of independence (Fernández Campbell). Nationalist activists, or *independentistas*, in Puerto Rico have been historically oppressed by the United States government and continuous U.S. intervention has contributed to the perception of independence as radical or impossible.[1] Disappointment in a dream for independence alongside the growing number of Puerto Ricans leaving the Island may both have been contributing factors to the wide prevalence of nostalgia in the mid-twentieth century, Puerto Rican poetry as a rhetorical tool with which to cultivate national pride and identity in the reader.

The word "nostalgia," from the Greek roots for "longing" (*-algia*) and "the return home" (*nostos*), has been used in reference, not only to physical spaces, as would be the case for a homesick traveler, but for figurative homes as well (Boym xv–xvi). Lost cultures, lost innocence, and a lost sense of belonging are just a few subjects of yearning, among countless others, that mid-century, Puerto Rican poetry elaborates. In her work, *The Future of Nostalgia* (2001), Svetlana Boym underscores two nostalgic tendencies: "restorative" nostalgia, which connects the past to the present through a linear, teleological sequence, and "reflective" nostalgia, which allows for critical contemplation of the ruptures and imperfections of our own ability to remember and our connection to the past. Nostalgia

1 The anthology, *Puerto Rico Under Colonial Rule* (2006), edited by Ramón Bosque-Pérez and José Javier Colón Morera, exposes different prongs of colonial oppression against Puerto Rican Nationalists. Particularly revealing are Bosque-Pérez's essay "Political Persecution against Puerto Rican Anti-colonial Activists in the Twentieth Century" and Ivonne Acosta-Lespier's "The Smith Act Goes to San Juan, *La Mordaza*."

in the poetry of Géigel Polanco constitutes both a longing for the past and for an imagined future. His works move along the spectrum of nostalgias from "restorative" to "reflective" and beyond. He endeavors to "restore" a missing, intangible element to his Island in the present in order to redeem it of its past failure to gain independence. He also "reflects" on his own political failings and sentiments of futility. In his work, *Postcolonial nostalgias* (2010), Dennis Walder observes that a "negotiation between remembering and forgetting" occurs in decolonizing territories when "writers seek to transform their sense of cultural disinheritance and loss into new identities for themselves and their communities" (16). Puerto Rico represents an exceptional case since, rather than transitioning from a colony to an independent nation, it shifts from one colonizer to the next. The culmination of the vote for commonwealth status in 1952 marked another longer and more determined stride away from independence. Intensified feelings of disinheritance on the part of independentistas like Géigel Polanco were sublimated into a style of literature dedicated to justifying the cause for independence, which they largely based on the ideal of a distinct and cohesive essence they perceived in the Puerto Rican people and culture.

Vicente Géigel Polanco's expression of political discontent and subsequent gaze toward an imagined past makes his nostalgic poetry thematically congruent with other works of the 1960s on the Island. *Bajo el Signo de Géminis* and *Canto de tierra adentro* overlap with and may have been influenced by the earlier *neocriollista* poetry of Juan Antonio Corretjer. As Puerto Rico's "National Poet," much of Corretjer's verse persuades the reader of the distinctive national identity of the Island. His fascination with Indigenous cultures and the retelling of Puerto Rican history point to a national identity predicated upon racial and historical criteria. Géigel Polanco, like Corretjer, comes to rely on a narrative that Puerto Rican national consciousness predated either of its colonizers, and that the Puerto Rican people deserve the freedoms that only independence endows. Both authors indulge to varying degrees in their own forms of nostalgia for a pre-Columbian, precolonial past. At the same time, the often meditative, introspective bent of Géigel Polanco's poetry calls to mind that of the Puerto Rican *Trascendentalistas* and other lyric poets such as Laura Gallego. Gallego's poetic voice in her work *Celajes* (1951–53), for example, grapples with feelings of alienation and strangeness in the Island she no longer recognizes. At the same time, the poetry in the Puerto Rican literary magazine, *Guajana* (1962–82), though overtly political in nature, explored a similar theme of longing and remembering. One of the founding members, José Manuel Torres Santiago, utilized historical memories of social activism and self-sacrifice to foment a politically engaged community.

For many mid-century writers, poetry becomes a haven in which to explore feelings of thwarted desire and longing for change. Géigel Polanco's poetry sets itself apart from his essayistic publications and from the work he dedicated to his political career not because it is any less committed to the vision he had for political independence, but because of its figurative and personal expression. The poet finds in poetry a creative forum in which to connect personal and collective experiences and to appeal to his reader through figurative language, symbols, and emotion in the place of logical arguments, examples, and reason. As we will see, Géigel Polanco's poetic voice often urges his reader to something more, better or different, without offering plans or platforms, or even defining what that something might be. Perhaps this makes his message stronger, as the popularly quoted Alexandra K. Trenfor attests: "The best teachers are those who show you where to look, but don't tell you what to see." Géigel Polanco invites his reader to join him in a quest for an ideal he refuses to forget.

The Constitutive Elements of Grupo ¡No!

In the spirit of the avant-garde, the belief in the possibility for radical change and the Noístas's total confidence in their own potency as actors engendering change pervades and lays the groundwork for their writings. As their name suggests, a large portion of the *Noísta* aesthetic is predicated upon negation. Influenced in particular by Futurism and Dadaism (Rosa-Nieves 260), it is dynamic, youthful, and ludic. On June 4th, 1925, the *Noístas* published their manifesto titled "Gesto: incitación del Grupo ¡No!," in the student journal, *El Imparcial.* A note from the same issue signed with the moniker "Los No" declared the group's purpose as "[unir] la juventud artística e intelectual de la isla en una hermandad de mutua compenetración" (Géigel Polanco *Los ismos* 18). Teresa Babín summarizes their manifesto as an attempt to "hallar sostén filosófico para renovar la poesía" (389). Beyond the renovation of literature, one also detects grander visions of reordering Puerto Rico in relation to the rest of Latin America. The manifesto can be divided into three parts: in the first the Noístas establish their literary objectives, the second is a short aside to the reader, and the third expands upon the Noísta philosophy, leaving the reader to puzzle over its many contradictory proclamations and mandates.

Laughter was a key element in the Noísta movement; it expressed derision and defiance toward what the members perceived to be displays of mediocrity. Their manifesto begins with a guffaw, or "carcajada":

> JA, JA, JA … Heis el solo comentario que nos ocurre ahora que erguimos nuestra audacia joven frente al siglo. Carcajadas amplias para reblandecer la rigidez que mecaniza

> la vida circundante. Recias carcajadas para acompasar el ritmo innovador que se abre siempre que una generación ataca un tiempo nuevo en la sinfonía del progreso. (Osorio 163)

Through the transcription of laughter, the young writers achieve a nonverbal introduction, an absence of words, elevating to primary importance the onomatopoetic interjection. Essentially, they begin their "gesto" with their first "no," which is to ordered verbal expression. Laughter does not bubble forth from gaiety or pure enjoyment, but rather constitutes a subversive act; the cackle is destructive and reconstructive, seeking to renovate the "rigidness" of the prevailing systems of power. The Noístas enumerate a few specifics against which they shout their "no":
"... la literatura prosa charlatana y mendaz; contra los pontífices del perceptismo; contra los importadores de 'novedades'; contra la canalla literaria, inescrupulosa y venal; contra este espantoso sistema social que atrofia las iniciativas y enerva los talentos; contra el utilitarismo y la moral puritana; contra la severidad; contra los dogmas" (Osorio 163). Their declarations embody inherent contradictions, creating a playful, deliberately confusing irony. The most comical of these is their rejection of "importadores de novedades," written within a manifesto which proposes a new poetic philosophy. Of course, the decision to draft their poetic aesthetic in the form of a manifesto is itself derivative of the earlier avant-garde movements. To their credit, the Noístas opt to not title their text a "manifesto," but rather a "*gesto*." Still, apart from the semantic discrepancy the content easily fits the qualifications of a manifesto. The negation of "dogma" is likewise absurd in a document such as a manifesto which is dogmatic, par excellence. The act of imitation through the publication of the "gesto" overrides the written rejection, an affirmation through negation. The Noístas's dogma of *no* embodies the mocking tone that defies the reader to make sense of the manifesto's logical impossibilities. The authors acknowledge their contradictions explicitly in the third section where they claim: "toda afirmación es contradictoria" (Osorio 165). Laughter proves not only an act of defiance on the part of the Noístas, but a response to their own ideas.

The second section of the manifesto is the most playful of the three and sets itself apart with the header: "LECTOR, UNAS PALABRITAS AL OIDO." The decision for all caps in the apostrophe to the reader is comically self-defeating. While the words appear to be shouting from the page, their meaning evokes a whisper. The image of the speaker leaning toward his reader, affecting a forced intimacy, brings out the incongruity of his sharing a secret indiscriminately with any reader who comes across the document. The fruitless synesthesia of the spoken and written word and the transparent indifference toward whomever the reader may be render the aside a gesture of jest. The Noísta "whispers":

> Nosotros mismos no sabemos lo que es el NOISMO. El NOISMO no resuelve ningún problema estético, ni moral, ni social, ni político, ni económico. Estamos más allá del plano del sentido común. Desde cualquier punto de vista el NOISMO no significa nada. NOISMO es una palabra como cualquiera. Pero, usada por nosotros, y para dar nombre a nuestro grupo, ya cobra una significación propia. De ella hemos extraído, como del huevo un mago, ideas, pautas estéticas, mentiras, NOISMO, T. N. T., abreviaturas, versos, banderas bolcheviques … (Osorio 164)

Like the Dadaists, the Noístas draw our attention to the arbitrariness of language, reminding us that "Noismo" is an empty signifier devoid of meaning outside of the ones they assign to it. Through the image of the magician's egg, they play with an ontological and elliptical question, a variation on the chicken versus egg conundrum, concluding that they are the sole authors of their group's significance and that it is varied and changing. They deliberately refuse to acknowledge the academic traditions that ultimately shape their innovations when they insist that they have produced from nothing, as if by magic, their "ideas and rules." To this end, they later add: "si nosotros dijéramos que somos los primeros intelectuales de América no habríamos cometido ninguna indiscreción. El NOISMO señala la época evolucionada de Puerto Rico, en todos sentidos" (164). The Noístas's insistence that they must destroy the past and create a new social and linguistic order ironically calls to mind the same efforts on the part of the other avant-garde groups that preceded them. The Noístas's claim of originality is as arrogant as it is far-fetched, yet their self-awareness produces a comedic effect rather than incensing the reader.

The third section reveals the importance the Noístas placed upon youth and the vigor and passion that they believed members of their generation should have embodied. It is addressed to "poetas jóvenes, a vosotros va nuestra exaltación" (Osorio 164). The writers of the manifesto incite their readers and invite them to join their cause. The militant repetition of "let us proclaim" sets a tone that surpasses enthusiastic and breaches zealous: "Proclamemos la libertad de reír, de pensar, de sonar… Proclamemos la literatura áspera, ruda, pero sincera. Proclamemos la grande República del Pensamiento Americano." (Osorio 165). The fundamental tenets of their philosophy include intellectual and emotional freedom, and a rough, shocking aesthetic, which they insist with adolescent conviction must be authentic. They acknowledge their motivation and quest for truth as a function of their youth, "en vano, en vano hemos buscado la verdad con el ávido entusiasmo de los veinte años" (Osorio 165). They conclude that there is no "truth" to be found in the advances of the previous generations of intellectuals, but rather the world belongs to the young. They explain their use of all capital letters as a way to reinforce their own solipsism: "el mundo, ¡o filósofos!, es nuestra Realidad. Por eso escribimos nuestro nombre con mayúsculas, y el nombre de los demás con abreviatura. Hemos de ser. Porque somos los únicos, HEMOS DE SER" (Osorio 165). The authors of the "Gesto" write in a style that is antagonistic and hyperbolic as a way to make their literary debut and to insert themselves, with immediacy, into the literary milieu of the 1920s. They do not appear to be concerned with alienating an older readership so much as with announcing their own vision for the Puerto Rico of the future.

The Noístas's proclamation of a "grande República del Pensamiento Americano" reveals the writers' imagination of Puerto Rico as part of a broader, Latin American political and cultural identity. By inserting Puerto Rico into a Latin American narrative, the writers suggest themselves hopefully as heirs to the independence that their neighbors have achieved. Early in their manifesto, they connect North and South America by drawing a parallel between Niagara Falls and the Orinoco River: "Pongamos nuestra estética en armonía con las cataratas del Niágara y que se abra la emoción como la boca del Orinoco" (164). They characterize their aesthetic through a metaphor of water and waterfalls: dramatic, malleable, and ever changing. One water formation belongs to North America and the other to South America, yet their shared essence connects them. The pan-American vision might be read as a facet of the reordering they declare as definitive of their movement. Through a pan-American identity, they summon a larger entity than the Island and invoke its influence while suggesting cultural homogeneity. They also connect their writing to those Caribbean writers before and after them who have also shared visions of unified Americas, including José Martí, Luis Palés Matos, Nicolás Guillén, and Julia de Burgos. Finally, they evoke an inversion or convergence of high and low. They compare Noísmo to a circus and to the melding of Earth and sky: "se entra al NOISMO como al circo donde se están exhibiendo fieras. El NOISMO es cuando el cielo se junte con la tierra" (Osorio 164). In this depiction, up and down, north and south coincide in a Bakhtinian carnival. The subjunctive mode of "se junte" alludes to an unspecified moment in the future when equality overrides differences, and the shared materiality of the Noísta universe unites it in one cohesive mass – a vision at once utopic and apocalyptic.

One final feature of the "gesto" that will resonate with Géigel Polanco in his later writings is a Noísta obsession with masculinity and disparagement of femininity. Clearly a derivation from the Futurists, in the case of the Noístas, masculinity is used to express an urgency to take action, a celebration of youth and fertility and a rejection of passivity and sentimentality. They equate femininity with weakness when they exclaim, "¡Abajo las mujeres románticas, los perillanes 'Balloon', el poeta melenudo, los niños llorones …" (Osorio 165). On the contrary, they affirm that Noísmo is "el brazo fuerte de sembrador" and "el gesto macho y fecundo de una juventud libre" (164). Through the imagery of the sower, "gesto" takes on the double meaning of "gestar," reinforcing the movement's creative potency. However, creation is one of the many contradictory mandates within the manifesto. They propose a paradoxical creative-destruction when they specify: "No crear: dudar; negar" (Osorio 165), and later, "nos queda mucho por hacer, más por rehacer, y todo por destruir" (Osorio 166). To discern the rudimentary tenets of the manifesto, if one is meant to see through their conflicted expression, the Noístas say "no" to tradition and passivity and yes to youth and action.

Géigel Polanco's later poetry hearkens back to the brash tone, unquestioned self-assurance, delusion of immortality, and passion for change that the Noístas flaunted in their manifesto. However, the avant-garde aesthetic takes on a new meaning when Géigel republishes Noísta poetry or earlier, previously unpublished poetry in the 1960s. The Noístas's unapologetic confidence starkly contrasts the political reality that Géigel Polanco experiences through Puerto Rico's continued failure to achieve independence. Through a return to the rhetoric of his youth, he evokes a nostalgia for a moment of optimism, when one feels free to imagine infinite possibilities. When Géigel Polanco comments on the twilight of the Noístas's activity in his essay, "Los ismos en la década de los veinte," he interprets the time that the young intellectuals spent collaborating with their poetry as a sort of point of departure from which they engendered and fomented a yearning for change that they went on to implement in different ways, each according to his chosen career. He remembers, "El movimiento, como grupo, da señales de vida hasta 1928, al convocar un certamen literario para festejar el 'Tercer Año de la Era Noísta'. De ahí en adelante, los escritores vinculados originalmente al Grupo Noísta siguen haciendo obra individual de renovador alcance" (20). So too does Géigel Polanco work toward the realization of his youthful ideals, but ultimately does not enjoy bringing his dream for independence to fruition. He returns to the Island from New York in 1953, but his political falling-out with Muñoz Marín and expulsion from the PPD leave him disillusioned, almost a stranger in his own land (Duprey 581–82). A feeling of alienation may have played an important role in the generation of a nostalgic body of poetry. For Sveltana Boym, distance forms a key component of nostalgia: "It is not surprising that national awareness comes from outside the community rather than from within. It is the romantic traveler who sees from a distance the wholeness of the vanishing world. The journey gives him perspective … The nostalgic is never a native but a displaced person who mediates between the local and the universal" (12). Like many Puerto Ricans then and now, despite the fact that Géigel Polanco is native to Puerto Rico, he remains, in a political sense, a "displaced person." Perhaps in a moment when youthful dreams of independence seem farther away than ever, nostalgia takes on a special importance, a way to cope and to heal, to remember an Island that at one time felt like home.

Revival of the Noísta Aesthetic in *Bajo El Signo De Géminis: Poemas De Ayer Y Hoy* (1963)

The nostalgia of *Bajo el signo de Géminis* (1963) is evident beginning with the subtitle: *poemas de ayer y de hoy*. After its eponymous, introductory poem, the collection is divided into seven subsections, the first of which is titled "Proyecciones." When the manifesto "Gesto: incitación del Grupo ¡No!" was republished in the 1926–27 *Athenea* (annual publication of the Universidad de Puerto Rico), it appeared alongside a play and several poems, among which was Géigel Polanco's poem, "Proyecciones," and so from the first section he alludes to his earlier, Noísta poetry. The Noísta aesthetic carries over into the second section, "Voces de vida," characterized throughout by a hypermasculine, manic, and superhuman poetic voice embodying creative energy. "Notas de viaje" considers race in contexts outside of Puerto Rico, while "Rincón hogareño," "Encrucijadas," and "Elegías" are personal and lyric in nature. The collection closes with the section "Ventana cósmica," which contains one poem by the same name. My analysis centers around the opening poem, "Bajo el signo de Géminis," and the sections "Proyecciones" and "Voces de vida," as these are most closely linked to the Noísta movement and therefore best illustrate a nostalgic revival of the avant-garde aesthetic. In his poetry, Géigel Polanco creates a space suspended in time in which all outcomes remain possible. He merges the individual with the collective and the past with the future, all combined in a form of utopia where hierarchies are flattened. His nostalgic revival of past poetry and optimistic gaze toward the future suggest that yesterday can be rewritten in an ideal tomorrow.

The poetic voice of the opening poem, "Bajo el signo de Géminis," occupies a liminal space between yesterday and today, North and South, the spiritual and the carnal, and above all, between hope and despair. The bulk of the five sections of the poem expresses feelings of uselessness and regret over vain labor, synthesized most effectively through the poetic voice's self-comparison to Sisyphus. The struggle depicted between disappointment and persistence forms the basis of Géigel Polanco's return to poetry: it serves as a literary space for emotional catharsis where it is safe to admit defeat and to heal. The poetic voice comes out of the liminal space between optimism and pessimism to ultimately conclude with hope, ending "Bajo el signo de Géminis" facing forward.

In the fourth section of "Bajo el signo de Géminis," the poetic voice reveals his vision of "*Patria*" as a labor of love and as predicated upon the cooperation and union of the nation. Left on his own, the impassioned individual is doomed to fail. The section opens and closes with the word "Patria" in its first and last lines, devoting the interstice of the poem itself to flesh out its definition. Written with a capital letter, Géigel Polanco creates a parallel with other nouns throughout the poem: "Libertad," "Vida," and "Justicia," which also appear capitalized. The poetic voice positions himself as a model citizen who has devoted his life to the national virtues of "liberty and justice." To demonstrate his devotion, he describes the patria "penetrating his guts" as evidence of his union to the patriotic cause, and its inextricable incorporation into his own being. His individual convictions fuel him as he urges others to construct the Patria with him. Section IV takes on an especially personal tone, that easily reads as autobiographical: "La emoción de Patria/penetró en la entraña profunda de mi espíritu./Amé la Libertad/como ley fundamental de Vida./Vi en la Justicia/función rectora/de humana convivencia … Di mi brazo,/humilde y sincero,/para la común empresa,/porque la Patria/es tarea de todos/para ser valedera./Al cabo de la jornada,/advierto que fue inútil la brega" (7). But the poetic voice refuses to conclude with resignation and the next lines read: "Mas, no rindo mi empeño./Algún día/la simiente romperá el cero./¡Y la Patria será en la conciencia!" (7). According to this depiction, the Patria remains in a nascent state, like a seed which requires nurturing to grow and eventually arrive at its full potential as a bloomed plant.

Juan Gelpí identifies the substance of Géigel Polanco's hope as a form of propagandistic optimism (Gelpí 67). Gelpí examines Géigel Polanco's essay, *El despertar de un pueblo* (1942), as a "texto de aprendizaje populista" (63). He explains his analogy of the essay as a bildungsroman: "por medio del lenguaje figurado, Géigel Polanco sugiere que Puerto Rico, al igual que el protagonista de un texto de aprendizaje, ha crecido y se ha desarrollado" (69). Géigel Polanco positions himself along with the elite, ruling class as a father figure/doctor who, through the legislation/prescription of quality education, will save the disorganized mass of the people from its "lethargy"/"sickness." The underlying hope is for the healed nation to operate in unity with a shared identity and consciousness (67–77). The objective of unifying the population reverberates throughout *Bajo el signo*; however, the strategy Gégiel Polanco employs has changed: rather than self-identifying as the father, he defers to an adolescent poetic voice. Still, despite leveling the metaphoric hierarchy of father/son, teacher/student, or doctor/patient, the changed point of view only makes for a reformulated division between the poetic voice and his reader. Now it is evangelizer/evangelized, inspired/mundane, or enlightened/in the dark. We even see the echoes of the maturing adolescent reiterated with the comparison of the nation with the sprouting seed mentioned above. However, "Bajo el signo" also reveals the same tensions internalized within the poetic voice who himself struggles between opposite realms of thought and feeling. If only by a razor thin margin, Géigel Polanco's poetic voice is more egalitarian than that of his essays.

The final section of "Bajo el signo de Géminis" concludes the prologue emphatically with hope. The poetic voice uses negative anaphora to temper his previous statements of regret: "Bajo el signo de Geminis/no todo fue derroche,/ ni brega inútil,/ni palabra muerta, ni canción perdida;/no todo fue vano/deshilar lo hilado, ni regar simientes a voleo./En mi inquieto deambular/por caminos y experiencias/atisbé una luz – /una luz lejana sobre el horizonte./Hacia allá dirijo mis pasos,/acunando en la entraña una convicción/¡y una esperanza!" (7–8). The poetic voice revises his earlier complaints in order to justify why he decides to continue working for the same cause, rather than succumbing to feelings of disenchantment. Instead, he reaffirms his convictions and makes the decision to hope for change.

Géigel Polanco's nostalgia for the avant-garde aesthetic resurfaces through specific allusions to Noísta writings in the section "Proyecciones." In it, his poem "Indices" is a reprint of his original poem of the title "Proyecciones," published alongside the reproduction of the manifesto in the *Athenea* (Rivera de Alvarez 423). The name "Indices" is in itself nostalgic as it recalls the magazine, *Índice*, for which Géigel Polanco worked from 1928–30 (Duprey 18). The title suggests the act of recording and documenting, which is effectively what he accomplishes through republishing the poem, now, with some alterations. In its first edition, "Proyecciones" belonged to the Noísta aesthetic and philosophy: it rejected previous literary movements through the "superación de las normas antiguas," it celebrated negation, "puños levantados contra los siete pecados/y las siete virtudes y los siete silencios…," and demanded unity among mankind, "hondas armonías fraternales." By incorporating the word "gesto" in the line "un extraordinario gesto emancipante," Géigel Polanco associated himself with the movement and the manifesto, "Gesto: incitación del Grupo ¡No!" In the reprinted version, there are minor changes to the punctuation with little variation in the overall message of the poem. A comma separates lines five and six, putting more emphasis on the "claras voces disidentes." Later, the word "instinto" is capitalized in "Proyecciones" but not in "Indices." The most interesting modification can be found in the omission of lines eight and nine. In the original version, "Prometeos" is followed by a colon which introduces a list of historical figures: "Espartaco,

Lutero, Bolívar, Karl Marx." Géigel Polanco's decision to not cite Marx in the 1963 reprint may have been a result of Cold War paranoia. Though the reasoning behind the omission is unclear, the result is a more nebulous political message. Géigel Polanco's decision to include "Indices" in *Bajo el signo de Géminis* reveals the meaning behind "poemas de ayer" in his subtitle, *poemas de ayer y hoy.* It constitutes an effort to preserve and affirm the value of his earlier poetic efforts.

Also published within the same section of "Proyecciones" is Géigel Polanco's "Salutación Noísta: a Eugenio Noel," which is in the same vein as Samuel R. Quiñones' "Salutación del noísmo: a Paulino Ozcudún" published in *Gráfico de Puerto Rico* in 1927 and that, for many, marked the end of Noísmo (Rosa-Nieves 260). Quiñones praises the Spanish boxer, Ozcudún (1899–1985), as a "magnífico ejemplar de la raza de hierro." The poem narrates a boxing match in which Ozcudún takes on a U.S. American boxer, and the fight becomes a compensatory fantasy that reverses the colonial outcome of 1898. In the poem, Ozcudún comes to represent not only Spain, but Spanish America, and more specifically, the affinity to Hispanic identity in Puerto Rico. Quiñones works within the same lexical field as the Noístas with reoccurring vocabulary characteristic of the Noísta corpus such as "carcajada," "recio," and "audacia." The "salutación" effectively baptizes a cultural icon in the name of Noísmo so that he might join in the representation of their cause. Ozcudún personifies the sustained hopes of the Noístas to effect "la 98 a la inversa." In Géigel Polanco's "Salutación Noísta: a Eugenio Noel," he dedicates his poem to the Spanish writer, Eugenio Muñoz Díaz, pseudonym Eugenio Noel (1885–1936). Géigel praises Noel for embodying Noísta ideals, in particular hope and fraternity. The poetic voice expresses gratitude for the inspiration that Noel's verse has provided the Noístas, and welcomes him into their futuristic utopia, Noismópolis: "Noismópolis, la fuerte,/la aguerrida ciudad porvenirista,/abre de par en par/todos sus horizontes/para el abrazo hermano" (17). In summary, the Noísta "salutaciones" assign literary and cultural figures a role in defining the group's values. Géigel Polanco continues to contribute retroactively to the movement's identity in 1963. The admiration of Ozcudún and Noel reveals a tendency toward Hispanism which makes itself still more evident in *Canto de tierra adentro* (1965).

The following section, "Voces de vida," revives the Noísta aesthetic through the creation of a radical, exaggerated poetic voice through which it establishes a moral hierarchy between the poetic voice and the reader that is similar to the one that Juan Gelpí labels as paternalistic in *El despertar*. The poems in this section evoke a being which emerges from the Earth, or from itself, descends from a place of enlightenment, and approaches mankind with an outsider's perspective.

The impossibility to actualize an objective perspective totters between comical and unconvincing, but is sustained by the same adolescent naïveté or delusion that lies at the heart of the Noísta manifesto. The first poem, "Alba," delimits a critical distance between the poetic voice and his reader, the former is consumed by a joy and clarity which moves him to share with the latter. Géigel Polanco transposes the poetic voice of the 1920s, when Puerto Rico was a U.S. colony, to the 1960s, when the Island is rebranded as a "commonwealth." The parallel between these two decades that he creates through his word choice suggests a continuity between past and present: the same obstacles that Géigel Polanco perceived in Puerto Rican society, literature, and culture as a Noísta persist in his adult life.

The poetic voice of "Alba" is characterized by his youthful energy and reinforced with the temporal metaphors of "dawn" and "spring," signifying beginnings and possibilities. Géigel Polanco's revival of this metaphor represents an allusion to both the Gesto Noísta and its predecessor, the Euforistas' manifesto. The earlier avant-garde group of Euforistas expressed a feeling of responsibility that they associated with experiencing youth at the beginning of the twentieth century. In the "Manifiesto Euforista: ¡A la Juventud Americana," published in *El Imparcial* in 1922, the authors, Tomás Batista and Vicente Palés Matos, declare that the moment has arrived to bring about their own vision for Puerto Rican literature: "es la hora de gritar que en Puerto Rico se anuncia la aurora del siglo XX" (Osario 123). Géigel Polanco's revival of the "dawn" metaphor is also accompanied by a preoccupation for his time period (the twentieth century) and the "youth" in *Bajo el signo*, as evidenced through the poems "Hombre frente al siglo" and "Salutación A … la Juventud de América" (35–38). Despite the Euforistas' rejection of nationalist poets, the practice of addressing the youth as a means to assign responsibility for the future of Puerto Rico appears in Antonio S. Pedreira's *Insularismo* (1934) where he appeals to the younger generation by citing Darío: "juventud divino tesoro." For Pedriera and the Euforistas, and now Géigel Polanco, engaging the youth constitutes an effort to create a national consciousness. By focusing on the future, Géigel Polanco eludes melancholic ruminations of past political failures.

"Alba" reincarnates the paternalistic dynamic of *El despertar* in the form of evangelizer/evangelized in the poetic voice's effort to spread his patriotism, unify the pueblo, and construct the nation. It begins with the exclamation: "¡El alba! ¡La emoción del alba dentro de mi corazón!/Mi corazón vibra con la primavera./ La sangre fluye a prisa. Corre por mis nervios/el cálido aliento de la juventud…" (25) In the same way that the "emoción de la Patria" penetrates the guts of the poetic voice in "Bajo el signo," the "emoción del alba" emanates from within the poetic voice's "heart." As we will see more clearly in *Canto de tierra adentro*, Géigel Polanco frequently employs corporal metaphors as a means to suggest an innate quality of Puerto Ricanness that is inextricable and even essential to the individual, which he uses as a point of commonality across the collective whole as a strategy for nation building. The poem continues: "y siento un fuerte anhelo/ de irradiar mi alegría por la tierra,/y llamar a las puertas de todos los hogares,/y gritar a los hombres:/¡El alba! ¡El alba! ¡Despertad el alba/de vuestro corazón! …" (25). In these lines, Géigel Polanco reincarnates the metaphor of an awakening from his earlier essay. Here, the nation is represented by an aggregate of nuclear families, now united by the poetic voice's irradiating joy and evangelical message. He urges the compatriots, evoked metonymically by the separate doors to their individual, yet connected hearths, to achieve the same level of consciousness that he has as one who is already possessed with "alegría." In the final lines of the poem the poetic voice articulates, in ambiguous, poetic terms, his hopes for what the "awakening" will entail: "¡Salid al alto cielo de luz de vuestro espíritu!/¡Y sed claros y alegres y sencillos como el alba!" (25). On the contrary to *El despertar de un pueblo*, the fragmented nature of the collection permits multiple avenues through the same lexical field. The reader engages with the poetic voice's desire for his awakening, now, in an isolated context demarcated by the singular poem on the page. The call to be like the dawn appears to be a stripping down, a freedom from the hampers of the later years in life, a call back to an idealistically simple youth. Read in isolation, the poem has a purely spiritual or emotional connotation, and it is only when we place it in the context of the rest of the collection and alongside Géigel Polanco's *oeuvre*, especially *El despertar de un pueblo* and *Canto de tierra adentro*, that we realize the political objective in which the spiritual awakening culminates: a unified and self-conscious nation. Within the poem "Alba" the poetic voice remains separated from his readers, or the rest of the inhabitants of the countryside, but the awakening – not described in explicit terms – will unite them.

Géigel Polanco employs spiritual and religious terminology, such as an "awakening" in order to elevate his nation-building project to a level of moral importance. As Ernest Gellner reminds us, "for those of whom human fulfilment is linked to the attainment of national consciousness, and its successful political expression, national awakening is more important than spiritual awakening; indeed, it is a form of spiritual awakening, perhaps its highest form" (8). As we have observed, the metaphor of "awakening" appears throughout Géigel Polanco's poetry and prose. Juan Gelpí calls our attention to the Biblical metaphor of a life-giving breath in *El despertar* (70). As Gelpí reminds us, the Biblical metaphors become problematic when the breath of God becomes conflated with the sphere of influence afforded to the intellectual elite, among whom Géigel Polanco can be counted.

In "Voces de vida," an obsession with the poetic voice's creative fertility conflates the poet with God as Creator, evoking similar avant-garde aesthetics such as Vicente Huidobro's Creationism. In "Verba," the poetic voice takes on the hyper-masculine, dramatically exaggerated persona hinted at in the Noísta manifesto and evocative of the Futurists. The voice suggests itself as superhuman, with the opening line: "Acabo de brotar de la exúbera entraña/de la Naturaleza" (27). He assumes the role of a mythical child of "Nature," budding forth into the world, spontaneously generated without human parents, a deity. He becomes enraptured by the vitality of the natural landscape that surrounds him, as if he is seeing it for the first time. Moved by his curiosity, he descends from the mountain to discover civilization. The poetic voice's descension from the mountain, or his decision to lower himself from on high, reinforces his spatial and figurative superiority to humanity, his special access to divine knowledge, like Moses coming down from Mount Sinai. As we see later, his god-like status allows for his exemption from pettiness, which contrasts with the human society he encounters. His affected carte blanche perspective causes him to balk at mankind's foibles: "¡Una ciudad! ¡Los hombres!/– Pero, ¿por qué discuten?/pregunto estupefacto. – No entiendo el sentido/de sus fútiles luchas bizantinas" (27–8). The poetic voice poses a series of additional accusations in the form of facile rhetorical questions, to which he himself responds with bromides in the guise of solutions: "La Vida es otra, amigos;/más amplia, más fecunda,/más llena de sentidos" (28). Through the repetition of "más," the poetic voice implies that he brings something additional to the perspective of the city-dwellers. Yet, he does not offer anything specific. He implores them to search on their own to find new meaning and inspiration beyond what they already know, but his exhortations are empty, indeterminate, and unspecified. Like in "Alba," the poem concludes with a cryptic moral: "Y os digo: Hermanos míos, urge una vida nueva/una vida más libre, más pura, más intensa./Yo proclamo el retorno a la Naturaleza,/a la vida armoniosa y fecunda del Instinto./¡Y a crear, a crear, a engendrar nuevos mundos!" (29). It is contradictory that, after utilizing the entire poem to establish distance and superiority to his reader, the poetic voice now addresses him as "hermano." It reads as unauthentically as the mawkish Hispanophilia exposed in "vosotros." Nevertheless, two elements of the underlying message of "Voces de vida" emerge: first, a creative imperative and second, the desire to return to a point of origin.

Creative urgency is repeatedly equated to masculinity and sexual fertility throughout "Voces de vida."[2] Poems like "Inmortalidad" and "Verba" are nostalgic revivals of the Noísta aesthetic that, when transplanted to the 1960s, contrast with Géigel Polanco's political impotence and suggest a form of poetic compensation for dissatisfaction. If he is unable to effect political change, his poetic voice will instead actualize his desires through the freedom enacted in artistic production, and the alternate world that is materialized in the poem. The last line of "Verba," "¡y a crear, a crear, a engendrar nuevos mundos" (29), calls to mind the last line of Huidobro's "Arte poétia": "el poeta es un pequeño dios." The Noísta trademark self-assurance reminds us of the possibility of social change enacted through poetry, and allows a space to imagine an omnipotent creative force that is like Huidobro's poet/god: unobstructed, creating worlds of his own design. Published in the years following the admission of Puerto Rico to commonwealth status, nostalgia for an earlier time rejuvenates the present outlook, infusing it with hope for possibility. Similarly, the poem "Inmortalidad" represents a celebration of (pro)creative potency. It begins with "por la montaña del sexo/yo treparé a la inmortalidad" (32), invoking the same brazen, provocative poetic voice of the Noístas. The poetic voice promises to achieve immortality through the (pro)creative act itself, as well as through his creation. In lines eighteen to nineteen he exclaims: "me daré todo en la cópula sagrada./¡Por el sexo seré eterno!" and later he declares: "perdurabilizaré mi palabra/en el fuego sagrado de la selva./¡Engendraré un hijo!,/un hijo luminoso y eterno!" (33). In the previous poem, "Júbilo," his "son" is equated to his written word. He explains: "mi verso es hijo de mi instinto" (31). The poetic voice of "Inmortalidad" evokes a youthful, vital mentality, and embraces the belief in the capacity for one's creation to leave an enduring legacy. Power enacted through creation is reinforced in several moments throughout "Voces de vida" when the poetic voice compares himself to a potter, again relying on a Biblical metaphor of the Judeo-Christian God as Creator. In "Inmortalidad" he exclaims: "¡Mi hijo! ¡Quinta esencia de mi vida,/ánfora perfecta, llama inmortal!/El hijo que me grita desde el fondo del no ser./¡El hijo-dios que desbarata universos/y construye mundos maravillosos!" (34). The metaphor of the offspring as an amphora assigns the role of potter

2 Géigel Polanco does not rely on counter-metaphors of femininity. Other Puerto Rican, nationalist poetry written at the same time, however, equates the female body to the geographical landscape of the Island and to the concept of nationhood. This can be seen in the work of Juan Antonio Corretjer, for example. Likewise, Juan Gelpí examines the way Julia de Burgos subverts the comparison in his article, "El sujeto nómada en la poesía de Julia de Burgos."

to his father, the poetic voice. We see other examples of the potter analogy in "Júblio" when the poetic voice refers to himself as an "alfarero inmortal" (30) and in "El hombre frente al siglo" when he claims that "la arcilla roja del Siglo tiembla en mis manos" (35). The poetic voice of "Voces de vida" is an implacable creator who refuses to be deterred by any obstacle, even mortality.

Furthermore, as mentioned above, "Voces de vida" expresses a desire to return to an imagined origin, or to a primitive state, which corresponds to a common trope in avant-garde as well as Puerto Rican Nationalist poetry. The promise of a new, pure, and free life in "Verba" reads like a Gospel. However, rather than urging the reader to a form of religious conversion, the poetic voice calls for a "return" to origins, a nostalgic fabrication of a simpler past where "instinct" rules. The concept of instinct reoccurs in the aforementioned "Júbilo" and "Inmortalidad," as a creative drive that remains uncorrupted by civilization. In "Júbilo" he states explicitly that "pongo en mi verso/cuanto hay en mí de primitivo" (32). The fascination with the "primitive" abounds throughout many of the avant-garde movements, including that of the Noístas.[3] A longing to return to an imagined, simpler time is echoed in the idea of rebirth which first appears in the poem "Memoria," when the poetic voice reflects on his possible previous lives: "acaso fui hormiga o estrella/o piedra or río caudaloso.../Ignoro mi previa existencia./Yo acabo de nacer ..." (26). The desire to start over echoes the impulse expressed in the Noísta manifesto to destroy the past and construct a new cultural and poetic order. Yet, poetry, unlike Géigel Polanco's essays, leaves much to the imagination on what the new order entails.

Nowhere in *Bajo el signo* does the poetic voice comment at length on the cause for independence. Géigel Polanco makes mention of "Patria," alludes to social class and the Puerto Rican economy in "Cañaveral," and pays homage to Julia de Burgos in one of his "Elegías." Nevertheless, despite a lack of explicit attention apparent in his prose writing, a nationalistic undercurrent surges through many of the poems, especially in the sections "Proyecciones" and "Voces de vida." Nationalist sentiment is made manifest 1) through reviving the Noísta ethos of creating a new social and aesthetic order in the context of the 1960s, 2) cultivating a national self-consciousness through Biblical and religious metaphors

3 A desire to return to a point of origin forms an integral aspect of the nationalist poetry of Juan Antonio Corretjer, who is likely to have had an influence on Géigel Polanco's poetry. Works like Corretjer's *Yerba bruja* (1957) and others of his *Imágen del Borinquen* Series (1950–61) rely on Taíno mythology as a way to imagine the pre-Columbian Island of Borinquén as a cohesive national body whose identity endures in contemporary Puerto Rico.

and self-identification with Spanish heritage, and 3) inserting Puerto Rico into a pan-American context. Hispanism plays an important role in the construction of national identity which comes to the forefront in his following collection of poetry.

Memory, Destiny, and the Constitution of Identity in *Canto De Tierra Adentro* (1965)

In *Canto de tierra adentro* (1965), Géigel Polanco looks to the past for evidence of a cohesive Puerto Rican culture and people. The book consists of one poem divided into thirteen sections in which he endeavors to evoke common beliefs in the shared racial heritage, history, and virtues of his Puerto Rican readership. The collective consciousness and national self-awareness to which he alludes in *Bajo el signo* are elaborated in *Canto de tierra adentro*. In similar fashion to nationalist poets like Corretjer, Géigel Polanco employs the rhetorical strategy of remembering and retelling moments in Puerto Rico's history in a way that glorifies what he attempts to portray as a "spirit" of independence.

Broadly speaking, Puerto Rican national identity has been and continues to be closely linked to the conceptualization of the Puerto Rican people as a racial blend of Spanish, Indigenous, and African heritage. In more recent years, the archetypical depiction of Puerto Ricans has been criticized by many scholars as privileging white and lighter skin colors and European and Taíno traditions while minimizing or occluding black skin color and African contributions. For example, historian Ilyana Rodríguez-Silva exposes how the imagination of racial harmony has perpetuated the myth that racism does not exist in Puerto Rico in her work *Silencing Race, Disentangling Blackness, Colonialism and National Identities in Puerto Rico* (2012). Likewise, in *Women, Creole Identity, and Intellectual Life in Early Twentieth-Century Puerto Rico*, Gender and Women's Study scholar, Magali Roy-Féquière, points to the domination of cultural institutions by the *criollo* elite in the early twentieth century, at the detriment of the sociopolitical interests of Afro-Puerto Ricans and women. Historian Lillian Guerra deconstructs the imagination of the *jíbaro* identity as a mixture of white, African, and Spanish heritage in *Popular Expression and National Identity in Puerto Rico* (1998), and anthropologist Jorge Duany critically examines the Instituto de la Cultura Puertorriqueña's endorsement of the *jíbaro* archetype as representative of Puerto Rican identity in *Puerto Rican Nation on the Move* (2002), just to name a few.

The poetic voice of *Canto de tierra adentro* readily identifies with Spanish heritage and culture as essential to Puerto Rican identity: we observe his fanatic endorsement of what he imagines to be the Spanish and European contributions to Puerto Rican culture and the gross misinterpretation of the impact of slavery on the Island. In the fourth section he misremembers the arrival of African slaves to Puerto Rico: "en el nuevo crisol de la Patria soñada,/con preciso sentido de la igualdad humana,/Puerto Rico fundió, con la sangre fecunda/del legado de España y la sangre aborigen/del ancestro taíno, la que proporcionaron/para el hombre de América los pueblos africanos" (25–6). In conformity with the prevailing racial imaginary, the poetic voice defines Puerto Rican ancestry as African, Indigenous, and Spanish. However, the construction of the last line reveals a revisionist take on Latin American history. "African peoples," or "pueblos africanos," is the subject of the verb "proporcionaron," and evokes an erroneous sense of agency and teleology, as if all Africans, here acting in unison, make an active decision to send forth their countrymen with the objective of populating Puerto Rico and with the end result of creating the "American man." This elliptical construction reveals a "willful ignorance" as to how Africans were, in fact, brutally transported and enslaved on the Island and a naïve or deceptive assertion that Puerto Rican identity is founded on "a sense of human equality." Just so, Puerto Rico as the subject of the verb "fundieron" ascribes intention and purpose where there is none. As it is here phrased, the poetic voice implies that the Nation is something that preceded or transcended its people, and that Puerto Ricans were born into equality for which they were preordained. The Puerto Rican people are therefore the deliberate racial and ideological products of a higher power. We see further evidence of the Puerto Rican "purpose" in the following lines where the geography and placement of the Island are attributed to a greater "plan" or "design": "¡Madre Isla, en la Antilla, por designio situada/en el centro de América, donde han de converger/en el mañana todos los caminos del mundo!" (26). The imagination of Puerto Rico as a culmination of ideals is reinforced with unmitigated hubris as the poet places Puerto Rico at the "center" of the Americas. The necessity and urgency with which he refers to the future, "han de," underlines the linear, teleological conceptualization of Puerto Rican identity as the result of a deliberate crossing of cultures.

By excising slavery from Puerto Rico's history Géigel Polanco exonerates Spain of its crime, and brushes over the multiform ways that Afro-Puerto Ricans continued to face adversity and oppression in the twentieth century, a problem that continues today. We might read Géigel Polanco's selective memory as a form of cognitive dissonance or Stockholm Syndrome on vis-à-vis his colonizer. He insists upon glorifying Spain as integral to Puerto Ricanness and as the necessary point of origin that lends cohesion to his construction of cultural identity. Earlier in the poem the poetic voice credits Spain with founding the virtues of law and faith on the Island. In section three we read: "de la Iberia magnífica, creadora de pueblos,/trajo el ímpeto másculo para la empresa en grande:/consagración al fuero del libre pensamiento,/la pasión de justicia y la fe en el esfuerzo/vigoroso del hombre bajo el signo de Dios" (24). According to this depiction, Spain is responsible for imparting Christian and democratic values which now serve to unite the Puerto Rican people. However, in praising Puerto Rico's first colonizer, Géigel Polanco creates a tension between, on the one hand, attempting to point to a common lineage and, on the other, to convince the reader of Puerto Rico's independent spirit.

The paradoxical conceptualization of Puerto Rican culture as both embracing Spanish values and as an independent culture rebelling against Spain is further evidenced through the glorification of historical examples of revolution. Géigel Polanco relies upon the stylized retelling of history to inspire patriotism in his reader, which is a shared strategy among other Puerto Rican Nationalist writers. Most prominently, Luis Lloréns Torres, Juan Antonio Corretjer, and René Marqués have idealized the 1868 Grito de Lares, which was a brief and failed insurrection in central Puerto Rico against the Spanish Empire in an effort to declare Puerto Rico an independent republic. Also common throughout Puerto Rican pro-independence literature is the enumeration of a carefully curated, and frequently reiterated, list of specific historical figures, starting with the protagonists of the Grito de Lares. The ninth section of *Canto de tierra adentro* does just this as the poetic voice remembers this battle and refers to its leaders, Manuel Rosado, Emeterio Betances, and Segundo Ruiz Belvis as heroic examples. Similarly, the tenth section pays homage to *El Año Terrible* of 1887, in which Spain persecuted Autonomists, or those seeking a reformed relationship with the Spanish government. Géigel Polanco mentions several autonomist politicians and writers by name, including: Ramón Baldorioty de Castro, Martin Corchado, Rosendo Matienzo, Manuel Zeno Gandía, and Luis Muñoz Rivera (38). He repurposes instances of political failure and colonial oppression, such as the Grito de Lares and the Año Terrible, as shining examples of Puerto Rican strength and resistance. As the poetic voice looks backward, he can now affirm that persecution has solidified cultural identity and fortified the character of the people. He asserts: "Suplicios y agonías de aquel Año Terrible/operan el milagro de arraigar más la fe/del pueblo en su destino e iluminan de nuevo/como fuego sagrado, todas las esperanzas" (38). Adversity serves as a source of nationalist pride, of evidence of bravery which can now be assumed in a shared identity, following the logic that brave forefathers give rise to brave sons, and the contemporary Puerto Rican should count himself among them.

In this last quote, we see the word "destiny," which is repeated in various forms: *destino, sino, hado*, and *desventura*, throughout the collection and which continually implies the existence of greater, mystical forces at work, guiding the Puerto Rican people. Through the imagination of episodes like the Grito de Lares and the Año Terrible, the poetic voice asks the reader to empathize with the nobility of the lost causes of independence and autonomy and to join in the wish for their fulfillment in the present. By referring to destiny, the poetic voice invokes a higher power, the same one responsible for "planning" the geographic position of Puerto Rico in the "center" of the Americas; and it is this higher power who will now help to bring about justice for His chosen people. In the eleventh section we see how, for Géigel Polanco, both failures of the past and redemption in the future are the work of Destiny: "Ya roturado el surco para la nueva siembra,/y tendidas las redes para la nueva pesca,/y explorados los cielos para los nuevos sueños,/y ya el pueblo al encuentro triunfal de su destino,/ cuando la Desventura, más siniestra que nunca,/cierra los horizontes, apaga las estrellas ..." (39–40). Here, the word "destino" might be replaced with "calling," or "potential," speaking not only to future events, but of possibilities bursting from within the Puerto Rican people. The parallel structures preceding it regarding farming, fishing, and dreaming equate "destiny" with a materially and spiritually fruitful society and likewise each evokes potential before fulfillment. Misfortune, or the capitalized "Desventura," acts on a higher plain, thwarting human efforts. The use of "destiny" transforms Géigel Polanco's inability to explain undesirable outcomes in history into the forward-facing narrative which imbricates the reader, involving her in the anticipation for the climax when Puerto Rico realizes its true calling as an independent nation and culture.

The hand of the higher power evidenced through the "fate" of Puerto Ricans is reinforced through references to the Puerto Rican "spirit" and "character" which are proposed as inherent to the people. These incorporeal aspects make it possible to imagine a Puerto Rican identity in which all are cut from the same moral cloth, and consequently, will fulfill their collective higher purpose, as implied by the eighth section: "Puerto Rico hizo frente a ésa su desventura,/sin rendir su bandera de anhelos libertarios./Pueblo de recia estirpe, acunó nuevas fuerzas/ para la intensa brega de las luchas futuras./Trabajó en el silencio de un hacer constructivo,/potenciando valores de carácter y espíritu,/y aclarando las voces de la propia conciencia/de su historia sin mácula, bajo el adverso sino [...]" (33). The poetic voice reinforces the idea that Puerto Rico is like a metal purified by the heat of suffering. Likewise: he evokes a collective experience, the Puerto Rican people are strengthened *together* through a *shared* hardship, and shared memories thereof. Words like "character" and "spirit" are conveniently vague and encourage the reader to imagine that they are conceived of uniformly throughout the population. The Puerto Rican people are painted as hapless victims of "adverse fate" who will one day be avenged.

While Géigel Polanco's use of "destiny" evokes a greater power which determines the course of the Puerto Rican people, the repetition of the corporal metaphor of the "gut" or "entrañas" suggests that the Puerto Rican people possess inherent virtues that contribute to their shared identity. Part three starts with the eponymous "Canto de tierra adentro," and the metaphor of the "gut" allows the reader to imagine a core, essential element of the Nation, which is its resilience in the face of adversity: "Canto de tierra adentro./Canto de la entraña conmovida de la Patria,/en el que la pena del sueño frustrado/mezcla sus lágrimas/con la alegría de la esperanza en alto" (23). It is assumed that the Puerto Rican people share one "frustrated dream," the dream for independence and that they are held together by their continued hope that they will someday achieve it. We can also imagine that the "song within" emanates out of the "gut," or the ineffable space in which the Puerto Rican people harbor their patriotism. Later, in the sixth section we read, "En tres siglos de fuego caldeado del espíritu/los crisoles de América fundieron en su entraña/un pueblo con potentes agarres en la historia,/vinculado por raza, religión y cultura …" (29). Puerto Rican cultural identity is positioned as part of a broader Spanish American identity, sharing in the same "race, religion and culture." The poetic voice leads the reader to identify Puerto Rican culture as born of the same "spirit," and suggests that, if comprised of the same values, will share in the same outcome of independence. While most of the poem outlines the relationship between Puerto Rico and Spain, later, in the twelfth section, the poetic voice lists ways that the United States has negatively impacted the Island, and in the thirteenth and final section he concludes: "¡Puerto Rico salvado para la Hispanidad!/La injerencia extranjera ya abate sus banderas,/sin penetrar la entraña, ni el tuétano, ni el hueso/de este pueblo, llamado a superior destino" (45). In these lines Géigel Polanco summarizes the defining characteristics of Puerto Rican cultural identity: first, it shares in the destiny of the rest of Spanish America which has achieved its independence. Second, its "gut," or essence, remains unscathed, even after its second colonization; and third, the promise of independence is guaranteed by a higher power who will bring to fruition the purpose he has for the People. By imagining Puerto Rico as a body, composed of flesh and blood, the poetic voice creates a sort of straw man. He manufactures a body and points to it as evidence of an integral whole, an irreducible Puerto Rican people. When we examine this figure more closely, however, we see that the guts, marrow, and bones of Puerto Rico ultimately elude definition, they crumble under our scrutiny.

Vicente Géigel Polanco's Poetry of Yesterday, Remembered Today

Bajo el signo de Géminis: poemas de ayer y hoy (1963) and *Canto de tierra adentro* (1965) signify Géigel Polanco's return to the genre of poetry which served as a salve for political disappointment. In a moment of personal alienation from his Island, Géigel Polanco's verse takes on a nostalgic gaze toward an earlier moment in his career when he enjoyed an optimism for the future. Through the revival of an avant-garde aesthetic, he reconnects his poetic voice from the 1960s to that of the 1920s, invoking the creative potential and energy that inspire hope for the future.

Géigel Polanco's engagement with the poetic genre does not erase the shortcomings of the paternalism evident in his essay, *El despertar de un pueblo* (1942). In *Bajo el signo*, he relies on metaphors which position him as superior to his compatriots. He creates distance between the poetic voice and the reader through equating the poet to a demigod, and affecting an objective, outside perspective as one who is inspired, or privileged, with an otherworldly insight. *Canto de tierra adentro* is particularly vulnerable to the pitfalls of nationalist writings. Géigel Polanco's memory of the Puerto Rican past and construction of a historical narrative is skewed to privilege Spanish heritage while euphemizing slavery. In his eagerness to cultivate a national consciousness, he indulges the nationalist impulse to define Puerto Rico as a uniform, finite, population with a shared racial heritage, heroic legacy, and democratic values.

The solipsism of the Noistas takes on a new form through Géigel Polanco's fixation on Puerto Rico as the "center" of the Americas. By convincing his reader that she shares the "guts" and "spirit" of her compatriots, he invites her to fulfill her higher purpose, to redeem her martyred forefathers, and to win back for her country the independence that is owed her. Géigel Polanco invokes a higher power whom he aligns with his personal interests, conflating them with those of the Puerto Rican people and "destiny."

Géigel Polanco's dream for independence seems as implausible now as ever. In the most recent referendum of June, 2017, 97 % of the Island voted in favor of statehood.[4] Since then, Governor Ricardo Roselló of the pro-statehood party (Partido Nuevo Progresivo) has brought a group of politicians with him to

4 It is difficult to gauge what the popular consensus concerning status might actually be, since a boycott led to low voter turnout (only 23 %) (Fernández Campbell). The referendum did, however, reveal general mistrust towards the language on the ballots, with many believing that it was deliberately misleading (Robles).

Washington to pressure Congress to admit Puerto Rico as the 51st state (Fernández Campbell). At the same time, Puerto Rico's billions of dollars of debt and the unforgivably slow repairs after Hurricane Maria have strained life on the Island. Jorge Duany relayed to CNN reporters that after Hurricane María, the Island has seen "the greatest migration from Puerto Rico ever since records have been taken," while the preexisting financial crisis contributed to many leaving even before the hurricane hit (Stutter and Hernández).

To read Géigel Polanco's poetry in 2018 is to transpose his youthful aspirations for a cohesive, self-conscious Puerto Rican people from his days as a Noísta in 1925–28, to his retirement from politics in 1963–65, to a new readership, in a new millennium, another half-century later. Many of the inequalities of power between North and South continue to plague Puerto Rico and much of Latin America. The reader must decide to reject or embrace Géigel Polanco and the Noístas's visions of utopia, of merging earth and sky, Niagara and Orinoco. She must either interpret with acrimony his poetry as escapist and foolish or, like his poetic voice, choose to believe in the possibility of change.

Bibliography

Babín, María Teresa. *Panorama de la cultura puertorriqueña*. Las Americas Publishing Company, 1958.

Bosque-Pérez, Ramón and José Javier Colón Morera. *Puerto Rico Under Colonial Rule*. State University of New York Press, 2006.

Boym, Svetlana. *The Future of Nostalgia*. Basic Books, 2001.

Corretjer, Juan Antonio. *Juan Antonio Corretjer, Obras completas tomo 1 Poesía*, edited by José Luis Vega, Instituto Cultural Puertorriqueño, 1977.

Duany, Jorge. *Puerto Rican Nation on the Move: Identities on the Island and in the U.S.*. University of North Carolina Press, 2002.

Duprey, Salgdo. N.R. *Independentista: Las causas de Vicente Géigel Polanco*. Crónicas, 2005.

Fernández Campbell, Alexia. "Puerto Rico's Most Ambitious Push Yet for Statehood, Explained." *Vox*, 11 Jan. 2018, https://www.vox.com/policy-and-politics/2018/1/11/15782544/puerto-rico-pushes-for-statehood-explained. Accessed 17 Jul. 2018.

Gallego, Laura. *Celajes*. 1951–53. Ateneo Puertorriqueño, 1959.

Géigel Polanco, Vicente. *Bajo el signo de Geminis*. Imprenta Venezuela, 1963.

Géigel Polanco, Vicente. *Canto de tierra adentro*. Ateneo Puertorriqueño de Nueva York, 1965.

Géigel Polanco, Vicente. *Los ismos en la década de los veinte*. Instituto de Cultura Puertorriqueña, 1969.

Gellner, Ernest. *Nationalism*. Phoenix, 1998.

Gelpí, Juan. *Literatura y paternalismo en Puerto Rico*. La Editorial Universidad de Puerto Rico, 1993.

Gelpí, Juan. "El sujeto nómada en la poesía de Julia de Burgos." *Revista de Crítica Literaria Latinoamericana*, vol. 23, no. 45, 1997, pp. 247–60.

Guerra, Lillian. *Popular Expression and National Identity in Puerto Rico: The Struggle for Self, Community and Nation*. University Press of Florida, 1998.

Osorio, Nelson. *Manifiestos, proclamas y polémicas de la vanguardia literaria hispanoamericana*. Biblioteca Ayacucho, 1988.

Pedreira, Antonio S. *El Insularismo*. 1934. Editorial Edil, 1992.

Rivera de Álvarez, Josefina. *Literatura puertorriqueña: su proceso en el tiempo*. Ediciones Partenón, 1983.

Robles, Franes. "23 % of Puerto Ricans Vote in Referendum, 97 % of Them for Statehood." *The New York Times*, A16, 11 Jun. 2017, https://www.nytimes.com/2017/06/11/us/puerto-ricans-vote-on-the-question-of-statehood.html. Accessed 17 Jul. 2018.

Rodríguez-Silva, Ileana M. *Silencing Race, Disentangling Blackness, Colonialism, and National Identities in Puerto Rico*. Palgrave MacMillan, 2012.

Rosa-Nieves, Cesareo. *La poesía en Puerto Rico: Historia de los temas poéticos en la literatura puertorriqueña*. 3rd ed., Editorial Edil Inc., 1969.

Roy-Féquière, Magali. *Women, Creole Identity, and Intellectual Life in Early Twentieth-Century Puerto Rico*. Temple University Press, 2004.

Sutter, John D. and Sergio Hernández. "'Exodus' from Puerto Rico: A Visual Guide." *CNN*, 21 Feb. 2018, https://www.cnn.com/2018/02/21/us/puerto-rico-migration-data-invs/index.html. Accessed 16 Jul. 2018.

Walder, Dennis. *Postcolonial Nostalgias: Writing, Represenation and Memory*. Routledge, 2010.

Capítulo 2

Greg Schelonka

Vengeance and Solidarity or, What Globalization Cannot Erase: Perseverance of Communitarian Desires in the Mexican *neopoliciaca*

Persephone Braham notes the centrality of globalization regarding recent crime fiction in Mexico and elsewhere, writing that "Latin American writers have adopted the genre in the years since then [1968] precisely because it permits a critical scrutiny of their social institutions in the light of modern liberal principles and their late-twentieth-century manifestations in the ideological narratives of neoliberalism and globalization" (xv). Yet crime fiction has not been the only literary form that has addressed globalization and neoliberalism, especially as processes broadly understood to have started at least as early as the 1960s and 1970s through authoritarian military regimes that, either by suppression of or conflict with leftist forces, ushered in the current era of neoliberal democracy in the region.[5] I contend that crime fiction holds a special place in discussions of globalization and neoliberalism because it addresses one of the key facets of society, especially under posthistoricism,[6] a period that has witnessed the conversion of enemies into criminals. I argue, addressing the first two Belascoarán Shayne novels by Paco Ignacio Taibo II and Héctor Manjarrez's *Rainey, el asesino*, that crime fiction addresses the problem of acting politically in a world, epitomized by the plight of the migrant as Iain Chambers argues, that has witnessed the

5 See in particular Jean Franco's *The Decline and Fall of the Lettered City.*

6 In *The Shape of the Signifier*, Walter Benn Michaels emphasizes the conversion of enemies into criminals, achieving, in one example, through the war on terrorism:

> In this sense, the point of the war on terrorism is to imagine a world no longer divided by the conflicting beliefs of ideologies or conflicting interests of nations, but a world in which enemies are always outlaws, a world divided into those who follow the law and those who break it. If, in other words, what we did with our enemies in the old days was defeat them, what we do now with them is bring them to justice … (172).

erosion of social bonds and institutions that had previously held society together in ways that were accepted despite whatever weaknesses they had. Specifically, I argue that crime fiction posits a way for individuals to come together and act as a community in the name of justice, thus signaling a desire for and some semblance of communal gathering in times when the notion of a large-scale community is, at best, tenuous.

In a region ravaged by neoliberal globalization that has witnessed the conversion of justice into just another commodity, is it possible for the residents of a territory to continue to feel bonds that link them to others through an appeal to a local, regional, or even national sense of community? Jean Luc-Nancy sees the expansion of the market through globalization necessarily reducing the impact of institutions that helped foster a sense of belonging. In *The Creation of the World or Globalization* he writes:

> there remains, on the one hand, precisely what happens to us and sweeps over us by the name of 'globalization,' namely the exponential growth of the globality (dare we say glomicity) of the market – of the circulation of everything in the form of commodity – and with it the increasingly concentrated interdependence that ceaselessly weakens independencies and sovereignties, thus weakening an entire order of representations of belonging (reopening the question of the 'proper' and 'identity'). (37)

Nancy's understanding of the process is straightforward and consistent with the process of migrations: if goods are not recognized as being local, then they cannot be seen as belonging to any given local, regional, or national community; goods are deterritorialized and the peoples involved in their production are likewise estranged from their own locality, when they are not physically displaced from their locality. The predominance of the global market, then, offers a threat not only to a given nationality but to the concept itself for, as a conception of national identity, it relies on some sense of uniqueness, a problem previously addressed by Homi Bhabha in *Nation and Narration*, where he recognizes that "[t]he locality of national culture is neither unified nor unitary in relation to itself, nor must it be seen simply as 'other' in relation to what is outside or beyond it" (4). As such the threats that Nancy sees nations facing under globalization are not new to the period; they have, as Bhabha suggests, existed before and are, in fact, a consequence of nations being entities that are narrated.

Bhabha thus emphasizes the dimension of time regarding the consequences of globalization and neoliberalism. Following Benedict Anderson's argument in *Invented Communities: Reflections on the Origin and Spread of Nationalism*, Bhabha stresses that the role of narration is crucial to the concept of national identity. In "DissemiNation: Time, Narrative, and the Margins of the Modern Nation," Bhabha addresses the way in which the nation is narrated with close attention paid to its temporal nature: "[t]he borders of the nation are, as Kristeva claims, constantly faced with a double temporality: the process of identity constituted by historical sedimentation (the pedagogical); and the loss of identity in the signifying process of cultural identification (the performative)" (304). Narrations, after all, have an inherent sense of temporality as they connect a series of events performed over time, however brief or long. As the narration of a nation is one of the ways – the key way, if Anderson's argument is accepted[7] – in which it is constructed, a given nationalism's narration constantly faces new attempts to delimit its borders. This way, minority groups, constituted through racial, ethnic, sexual, religious, linguistic, or other social or cultural differences, frequently find themselves excluded from these narratives of the national, a point underscored by Bhabha. Despite lacunae such as the invisibility of minority groups, the conception of the nation through a notion of temporality – realized according to Anderson by the notion of simultaneity inherent in modern temporality that made the development of communities imagined as nations possible[8] – has the goal of conceiving the nation "as a deep, horizontal comradeship" (7), a fraternity

7 While Anderson's thesis continues to enjoy widespread currency in the disciplines of history, and literary and cultural studies, it should be noted that other scholars of nationalism note limitations to his theories. John Breuilly, writing in *Nationalism and the State*, identifies the following approaches to nationalism, of which Anderson's is but one: nationalist, communications, Marxist, and psychological and functional. Anthony D. Smith, perhaps the leading scholar on nationalism, writes in *Nationalism*:

> Here, Anderson briefly raises the central (primordialist) problem of passion and attachment to the nation. But how does he deal with it? He claims that we are ready to sacrifice ourselves only for that which is felt to be noble and disinterested, such as the family – or the nation. But, while it is true that … the nation is often likened to a family ('our family' and 'our nation'), it is not because they are pure and disinterested that families and nations elicit sacrifice. The exact reverse is the case [.]. This makes nations as much communities of emotion and will, as of imagination and cognition (80).

Smith later emphasizes the territory of the nation that places a role in seeing community in spatial terms more than temporal ones that Anderson embraces. Likewise, his discussion on emotion is crucial to the phenomenon of lynchings and private justice that, while consequential to the discussion in this essay, is, for considerations of space, largely absent. See my essay, "*Sombras nada más*: Community and the Emotions of Justice" for more on this topic.

8 Anderson postulates that the concept of simultaneity is a requirement for nationalism because: "The idea of a sociological organism moving calendrically through homogeneous, empty time is a precise analogue of the idea of the nation, which also is conceived as a solid community moving steadily down (or up) history" (26).

that otherwise transcends the racial, ethnic, cultural, linguistic, social, sexual, and economic differences that otherwise divide a nation's members, resulting in a single national community to which all feel some sense of affinity.

However, this sense of affinity is weakened by, among other factors, ethnic differences that Bhabha addresses in "DissemiNation" where he writes:

> In the 'Rosa Diamond' section of *The Satanic Verses* Rushdie seems to suggest that it is only through the process of dissemiNation – of meaning, time, peoples, cultural boundaries and historical traditions – that the radical alterity of the national culture will create new forms of living and writing: 'The trouble with the English is that their history happened overseas, so they don't know what it means.' (317)

These kinds of fissures in a particular conception of a given nation questions not only that nation's narration but also underscores that narrations are at the root of all nations, making nations not something beyond narration but something constituted by them. This in turn opens up the possibility of a particular national narration being brought into question, especially with respect to what constitutes it. This way, the politics of nationalism, that is, the politics that define the ways in which a nation is conceived, especially when these fissures achieve a certain prominence in national discussions, also encourage the series of questions that Néstor García Canclini poses as a consequence of globalization in *Consumidores y ciudadanos*:

> Hombres y mujeres perciben que muchas de las preguntas propias de los ciudadanos – a dónde pertenezco y qué derechos me da, cómo puedo informarme, quién representa mis intereses – se contestan más en el consumo privado de bienes y de los medios masivos que en las reglas abstractas de la democracia o en la participación colectiva en espacios públicos. (13)

The main difference between the concerns of Bhabha and Canclini are simply the motive for why this questioning takes place: for Bhabha, it is because the presence of minority groups poses a problem for a narrative of inclusion that effectively excludes them; for Canclini, it is because socioeconomic forces that guide the production of cultural goods are changing the ways that individuals see themselves as connected to the nation and, as a result, they question the narratives that had previously united them.[9] Public institutions have failed – or

9 While Canclini sees the conversion of citizens into consumers as a necessary problem that results in the weakening of the social order, other scholars disagree. Limitations on space prevent a proper discussion here, but I would like to note that, working in a Latin American context, Fabián Echegaray notes in his essay, "Voting at the Marketplace," that "result[s] refute the notion that individuals who engage in political consumerism are a by-product or the expression itself of political alienation – a notion that fed the scholarly dismissal of political consumerism as a subject of study" (195).

are perceived to have failed – in their duty to provide projects that the people want to see as a result of their payment of taxes or bribes.[10] But the problem, as posed by Canclini, also echoes Nancy's point that cultural goods are no longer recognized as being part of the local, regional, or national community, a problem that Canclini explores in length throughout *Consumidores y ciudadanos*. Furthermore, the problem is not just that, for example, Hollywood movies dominate the Mexican landscape; it is also a problem that Mexican films follow templates that Hollywood has created. As a result, there is, or so it appears, no longer any cultural industry that has not been contaminated by foreign influence.

One of the main factors in Canclini's view that makes it more difficult for individuals to imagine themselves as citizens, that is, a part of a national, political community, is the decline in importance of national cultural institutions. This, coupled with the traditional role of certain cultural products, has led to the triumph of globalized commodities and a radically transformed sense of where one truly resides. This displacement supports the conception that Iain Chambers makes of the exile in his book, *Migrancy, Culture, Identity* when he writes that the involuntary migrant is "a suggestive symbol of our times" (2). The contemporary problem that Canclini sees depends on the failure of previous modes of cultural production: "La cohesión de las culturas nacionales y urbanas fue generada y sostenida, en parte, gracias a que las artes cultas y populares proporcionaban iconografías particulares como expresión de identidades locales" (86). The problem, as Canclini sees it, is that a double displacement undermines the "construcción imaginaria de identidades nacionales" (80). Despite the mistake in reading Anderson's notion of an invented community as "imaginaria," his point is that several cultural commodities have become deterritorialized and are, he argues, no longer autochthonous expressions. This is clear with the film industry in Mexico in which international cultural expressions have dominated the film market in the country and even transformed the production of otherwise national films. The problem, then, is that all have become exiles, even in their home country. Consistent with Michael Jackson's 1995 book, *At Home in the World*,

10 In *Deep Mexico, Silent Mexico*, Claudio Lomnitz notes the role of corruption in Mexican political life, arguing that it resulted in obligations on those who elicited the bribes:

> Corruption worked in two important ways: first, specific state institutions were appropriated by individuals who took charge of dispensing resources and repressing dissenters; second, corruption tended to reinforce or create a corporate structure both because it involved consolidating access to work via the mediation of a political leader, and because political leaders legitimated their position to superiors and subordinates by way of various political rituals that involved some redistribution (119).

Chambers argues that the condition of the exile results in a new meaning of being at home as "being in the world" (4). This new conception sees one's

> dwelling as a mobile habitat, as a mode of inhabiting time and space not as though they were fixed and close structures, but as providing the critical provocation of an opening whose questioning presence reverberates in the movement of the languages that constitute our sense of identity, place and belonging. There is no one place, language or tradition that can claim this role. (4)

Though Chambers speaks most directly to the situation of migrants, his recognition of their position as emblematic "of our times" points to the way in which their situation is everyone's: citizens, even those who have not faced any spatial displacement, are alienated from previous cultural expressions that provided them with a (political or cultural) sense of home.

As such, the limits of the nation are territories that see tensions over its boundaries, as Bhabha writes: "[t]he boundary is Janus-faced and the problems of outside/inside must always itself be a process of hybridity, incorporating new 'people' in relation to the body politic, generating other sites of meaning and, inevitably, in the political process, producing unmanned sites of political antagonism and unpredictable forces for political representation" (4). This tension is augmented by the production of goods that, Nancy posits, in a globalized context serves as an additional source of tension that "weaken[s] an entire order of representations of belonging" (37). The economic processes that Nancy emphasizes in conjunction with its weakening of hitherto stable sociopolitical and cultural institutions that Canclini sees also weakened, along with the global migrations that Chambers and Bhabha see as integral to our current state of affairs, contributing to the weakening of narratives of nationalism that had previously made sense of a world that included the however tenuously accepted narrative that linked a people under its mantle.

However, the position of the exile is one that is not exclusively or primarily a temporal disruption, as Bhabha emphasizes with respect to its impact on nationalism, but a spatial one, as he reluctantly recognizes. The issue that begins as one of time, "Janus-faced," has become one of space for they are "problems of outside/inside" that migrants face in their journey to another place (4). Their historical position may have changed in the sense of being part of a historical narrative, but that problem is ultimately spatial in both literal and metaphorical terms. A similar shift occurs with respect to justice, a topic that is ultimately fundamental to, if not an intrinsic component of, the problem of collective identities. The understanding that biopolitics offers of justice thus contrasts with and negates poststructuralist attempts at seeing justice in temporal terms, as Derrida argued in "Force of Law," as misguided at best as the distinction between law and community is a false one. Agamben, for one, sees the law fully articulated with the community; it is not possible to be outside the law, making the anomie that Derrida exploits in his essay to argue that the law has no foundation as something that is inside the law, articulated by it, rather than serving as something outside it.[11] Derrida, rather than showing the law to be missing a foundation, or having only a mystical one outside it that does not empirically exist, exposes the production of the law's mystification by the biopolitical machine.

Roberto Esposito takes a more forceful position in arguing in *Communitas*: "It's the law and not the will that is at the origin of community, so much so that one could even say that the community is identical to the law: to the law of the community, in the dual sense of the genitive case. The law establishes the community, which in turn constitutes those areas in which the law is applicable" (64–5). The violence that Derrida sees as part of the foundation of justice is instead part of the way in which the law constitutes the community. Violence is a crucial part of humanity's organization into communities because, referencing the Hobbesian concept of war against all, Esposito writes: "What men have in common is the capacity to kill and, correspondingly, the possibility of being killed: a capacity for killing [uccidibilita] generalized to such a degree as to become the sole link that joins individuals who would otherwise be divided and independent" (16). Violence thus plays a key role in constituting the community, if not for, as Derrida would have it, the foundation of the law which in turn provides the mystical basis of society, but instead because crime, specifically that of killing, provides the reason for which humans must unite and as such law – specifically the prohibition of killing – is what has served to unite humans in communities.

---

11 Agamben explores the ability of the law to create a space for something outside the law from within the law through two paradoxes: that of homo sacer and the state of exception. His book *Homo Sacer* and *State of Exception* address these concepts and reach the conclusion that the paradox is a false one. For example, though the declaration of homo sacer acts to reduce an individual to bare life, the person cannot be reduced to bare life because, as he writes in *State*: "There are not *first* life as a natural biological given and anomie as the state of nature, and *then* their implication in law through the state of exception. On the contrary, the very possibility of distinguishing life and law, anomie and *nomos*, coincides with their articulation in the bio political machine" (87).

The concept of justice and its transformation under neoliberalism provides another challenge, and it is under this topic that crime fiction in Latin America will offer its critique of contemporary Latin American life. Under neoliberalism, "[l]a justicia es un bien que puede comprarse o negociarse selectivamente," writes José Antonio Aguilar Rivera in "Linchamiento: la soga y la razón" [justice is a good that can be bought or negotiated selectively]. It has become just another commodity in part because the state no longer has the will or the ability to protect its citizens: "Ante la ineficacia de la justicia, muchos grupos y comunidades han suplantado del todo a la policía y a los jueces. El fenómeno de los linchamientos es indicativo de la debilidad del Estado. La idea de un código uniforme de derechos y obligaciones para todos los ciudadanos es sólo una ficción" [facing the inefficiency of justice, many groups and communities have supplanted the police and judges. The phenomenon of lynchings is indicative of the weakness of the state. The idea of a uniform code of rights and obligations for all citizens is just a fiction]. If for Canclini citizens no longer know "quién representa [sus] intereses" [who represents [their] interests] (13), the incidences of lynchings – attacks against known or suspected criminals – suggest that they have decided that they can or must defend themselves as the state will not do so. In this sense, it seems that they are a sign of the loss of community that Canclini observes in his study of the impact of the mass media on Mexico's population. However, the presence of justice, vengeance, and their relationship to a sense of community in texts of crime fiction – novels, films, and comic books – demonstrates the contrary.

The phenomenon of the search for justice is a key part of crime fiction in general and especially of later forms derived from the hard-boiled novels' recognition of the problematic nature of the quest for justice. Although studies of crime fiction have tended to emphasize violence itself, as evidenced in books that include Fernando Fabio Sánchez's *Artful Assassins: Murder as Art in Modern Mexico*, Carl D. Malmgren's *Anatomy of Murder: Mystery, Detective and Crime Fiction*, or even Robert A. Rushing's *Resisting Arrest*, the question of lynchings as a form of private (or perhaps privatized) justice is present as an integral part of crime fiction texts in their quest to right wrongs. The interest in justice is hardly new: it has been part of crime fiction since, at least, the classic period of the genre, as Sean McCann notes in his book, *Gumshoe America*:

> the classic detective story celebrated the victory of public knowledge and civic solidarity over the dangers of private desire. It registered that victory formally by bringing the arcane knowledge and peculiar abilities wielded by the detective to bear on the challenge

> to the social order represented by the villain, suggesting thereby that there was no specialized learning that could not prove socially useful just as there was no strife or dissension that could not be absorbed by a healthy civil society. (4)

Not only did works in the classical mode of crime fiction imagine civil society as sustainable, it was also something desirable. That is not the case with recent crime fiction as its setting is radically different. While classic texts affirm the notion of a "healthy civil society," perhaps even in Latin America, that notion is anachronistic for readers of contemporary crime fiction in a Latin America that suffers from neoliberalism through socioeconomic problems that include powerful drug cartels and other manifestations of organized crime, as well as police forces that are untrustworthy or inefficient, if not completely corrupt, as they cannot solve common crimes. The works that I analyze in this essay explore the problematic notion of justice in neoliberal Latin America whose characteristics are consistent with Ileana Rodríguez's notion of a "liberalism at its limits," as she writes in the aptly titled *Liberalism at Its Limits*. Furthermore, these texts present acts of vengeance as part of the manifestation of a community – a group of insiders and outsiders, spatially aligned along different sides of the law (or some concept thereof) – that persists despite the weakening of the state caused or at least reinforced by neoliberal socioeconomic policies. The solidarity that results is undoubtedly ambiguous. Yet it offers an antidote to the theories that see contemporary society as irredeemably entropic.

The detectives that appear in Mexican works are not, to be sure, intellectuals per se. To the contrary, detectives, or their proxy, are part and parcel of the process that has seen intellectuals displaced by technocrats in Latin America as it has embraced neoliberalism. Paco Ignacio Taibo II's Héctor Belascoarán Shayne, Latin America's most famous literary detective, and Héctor Manjarrez's Rainey, the doctor in *Rainey, el asesino* who strives to carry out an act of private justice, are both educated as professionals: Belascoarán Shayne as a civil engineer and Rainey as a medical doctor. Their professional skills, whose specialization as professionals is what neoliberalism embraces as an educational model, provide them no support in their role as detectives. However, their role in addressing crimes does bring them into contact with the people of their social environment. Their actions, in the best of situations, are exemplary perhaps of what others should do; but their failures reveal the downside of the aspects of private justice. Likewise, they strive for a new conception of politics that recognizes increased agency in nontraditional ways.

What then is the politics of crime fiction under neoliberalism? Is crime fiction tied to the left? Glen Close and Persephone Braham have each argued for the affirmative, with Close situating Belascoarán's task as detective as an extension of leftist politics in the wake of the failures of the 1968 Student Movement in Mexico, a movement that was ultimately another example of a failed leftist cause in Latin America during the 1960s and 1970s.[12] Braham, for her part, argues that *Cosa fácil's* epigraph of Sartre, "Sólo hay esperanza en la acción" ["There is only hope in action"], shows a connection of Belascoarán Shayne to Marxism via Sartre's own Marxism. She also writes that "Paco Ignacio Taibo II's one-eyed protagonist … defends the Mexican Revolution against the putrefaction of its institutions" (xiii). Seemingly supporting these assertions, Héctor Belascoarán Shayne recognizes his leftist past in *Muertos incómodos*: "Mi hermano dice que soy de izquierda natural, pero pinchemente inconsciente – respondió Héctor sonriendo –. O sea, como que de izquierda pero sin haber leído a Marx a los 16, sin haber ido a las manifestaciones suficientes y sin tener en mi casa póster del Che Guevara. O sea, pues sí, de izquierda, yo" [My brother says I'm a primitive leftist, but fucking unconsciously – Héctor replied, smiling. In other words, a leftist but without having read Marx at 16, without having gone to enough protests and without having a poster of Che Guevara in my house. In other words, yes, a leftist, me] (25). This legacy is undeniable, yet it does not connect him in any meaningful way to leftist struggle or explain his actions as a detective. Belascoarán is above all a disillusioned social actor whose job as a detective does little to connect him with the ideals or goals of a radical social transformation. He remains distant from politics and even class struggle; at most he works to help those who have been cheated in some way by the system. Being a detective does not even convince him that what he is doing has a greater purpose, as he reflects near the end of *Cosa fácil*, the second novel in the series in which he tried to solve three different and unrelated cases. By the time of this introspection, he has solved two of the cases but has also lost an eye and now has a noticeable limp as a result of injuries that he suffered in the line of duty:

> Porque sabía que después de todo Paniagua [un policía corrupto responsable por la muerte de dos ejecutivos y otros crímenes] sería encarcelado en medio de un buen

12 One of Taibo II's early books is a response to the student movement, titled simply, *68*. Needless to say, he was, as scholars have noted, formed by the student movement. Ilán Stavans, for example, in *Antiheroes*, writes:

> It is important to see Taibo II as a direct product of the generation of "la Onda" and the phenomenon of Tlatelolco – as a follower, in some ways, of Gustavo Sáinz and José Agustín, whose politics were decidedly antiestablishment. One can detect all of this in the attitude of Belascoarán Shayne, who never looks askance at a member of his social sphere, and yet is a rebel who doubts the honesty of anyone who stands in his way. (112)

> escándalo de prensa, y que saldría dos años después cuando la nube se hubiera hecho polvareda. Y Burgos [hombre responsable de tomar fotos de actrices con políticos] volvería al oficio porque siempre habrá políticos que querrán nalgas de actriz y actrices que caminarían la carretera de la cama continua. Rodríguez Cueva [ejecutivo de la empresa extorsionada por Paniagua] se repondría de la mandíbula rota y seguiría contrabandeando (220).
> [Because he knew that after all was said and done Paniagua [a corrupt police officer responsible for the death of two executive and other crimes] would be imprisoned in the middle of a nice scandal in the press and that he would get out two years later when no one cared. And Burgos [a man responsible for taking pictures of actresses with politicians] would return to his duty because there will always be politicians who want to sleep with actresses and actresses who would walk the walk of the continuous bed. Rodriguez Cueva [executive of the company extorted by Paniagua] would recover from the broken jaw and would continue selling goods from his company]

His actions have changed nothing; and to make matters worse, he would soon find out that Zapata was still effectively dead despite being alive. Furthermore, in no way does he act in the name of the Mexican Revolution beyond supporting ideals of democracy and justice that are not limited to the cause of the revolution.

Indeed, it is not a political commitment but a philosophical one. He does not reach this decision after reading works of philosophy; it was simply a reaction to certain circumstances in his life. The epigraph to *Cosa fácil* is from Sartre's essay, "Existentialism is a Humanism." Braham argues that this epigraph supports seeing Belascoarán as a Marxist given Sartre's existentialism. However, Sartre's essay was published in 1946, well before his turn to Marxism and the raison d'être for the essay was for Sartre to defend his philosophy, already laid out in *Being and Nothingness*, from Marxist and Catholic attacks. Sartre does not inherently reject Marxism in the essay; he merely rejects the points that disagree with his existentialism. Though Taibo II's socialist politics are well noted, Belascoarán's decision to be a detective seems best explained through existentialism and his quest for solidarity and not through a political commitment to leftist ideals – regardless of how much he may support them.

"Existentialism" to some extent anticipates Sartre's later turn to Marxism in the sense of an ethics, however threadbare it may be developed there, of an individual's actions. The purpose of his essay is to respond to themes already explored in his philosophy of existentialism, especially as regards the question of bad faith. As he wrote in *Being and Nothingness*, bad faith is the intent "to constitute [oneself] as what [one] is not" (111). This is because, as he stated in "Existentialism," "the first effect of existentialism is to make every man conscious of what he is, and to make him solely responsible for his own existence" (23). To live in good faith, individuals must accept this responsibility and decide what they should do with their lives. For this reason, Sartre defines his philosophy as one of action. In "Existentialism," he writes, "You have seen how it [existentialism] cannot be considered a philosophy of quietism, since it defines man by his actions, nor can it be called a pessimistic description of man, for no doctrine is more optimistic, since it declares that man's destiny lies within himself" (39–40). The commitment that an individual has with action is what allows one to be Marxist, at least according to the way in which Sartre understands Marxism in "Existentialism." This commitment arises from doing, from acting. It is clear that for Sartre words are largely meaningless while actions are everything. Those who think that something should be done about a given circumstance but fail to act are those who live in bad faith given that they refuse to be who they think they should be.

The concept of bad faith helps define the ethics that Sartre imagines for individuals given that the actions of one in good faith are valid not only for that one actor but for all, as he notes in "Existentialism": "And when we say that man is responsible for himself, we do not mean that he is responsible only for his own individuality, but that he is responsible for all men" (23). This point separates his philosophy from criticism of absolute subjectivity. For this reason, as he had written in *Being and Nothingness*, the fact that "man being condemned to be free" means that each person "carries the weight of the world on his shoulders; he is responsible for the world and himself as a way of being" (707). In order to live in good faith, individuals must act like they think all should act in given circumstances. It is not a privilege of class or position; it is something that everyone can and should do. Belascoarán adopts this existential dictum towards action when he leaves everything – his wife, his job as an engineer, and the well-being and comfort that it provides – to risk his health and life to be a detective and try to capture a serial killer in *Días de combate*. He does it and continues to do so as a private detective despite the recognition that what he does is absurd.

The illogical task that he accepts as a detective demonstrates that the project and his life are absurd, and thus congruent with Monsiváis's argument about the possibility of crime fiction emerging in Mexico.[13] But the absurdity of his actions is not a deterrent as Belascoarán must continue to be a detective precisely because

13 See Monsiváis's essay, "Ustedes que jamás han sido asesinados." He argues, largely on the premise of the many facts unknown regarding the massacre of students at Tlatelolco and other large-scale examples of corruption, that crime fiction has no place in Mexico. Just a couple years later, Taibo II published his first Belascoarán Shayne novel that, despite receiving only two reviews, became a best seller. It should also be noted that other crime novels had been published by that time, including Vicente Leñero's *Los albañiles* and Rafael Bernal's *El cómplot mongol*.

Sartre's existentialism is not "an attempt to discourage man from taking action," as he notes in "Existentialism," "since it tells him that the only hope resides in his actions and that the only thing that allows him to live is his action," passage from which the epigraph is taken (40). Belascoarán must act and continue to be a detective in order to live in good faith, to be true to himself, since he sees a need for action against crime and especially against the workings of a serial killer. The subjectivity apparent in this model is precisely what Marxists have criticized in Sartre's writings. Here Sartre seems to defend individual desires, a decision that would make any sense of community unnecessary or even impossible.

The conversion of Belascoarán into a detective – abandoning the comfort of his upper-middle-class life, his job, and his wife – makes him something of an existentialist, at least according to the guidelines that Sartre outlined, but it does not make him a committed Marxist, although his actions may be compatible with leftist projects just as Sartre's existentialism is compatible with Marxism to a certain degree. The struggle that Belascoarán carries out is not realized in the name of class struggle; his quest is not one of idealism incited by revolutionary dreams. To the contrary, his actions are an attempt to connect with his compatriots in a meaningful way, a connection that is incompatible with maintaining an apparently monotonous relationship as we read in *Días de combate*: "Buscó [Belascaorán] con la mirada algo de qué asirse, algo que lo remitiera al vendaval, al huracán que afuera seguía gimiendo" (16). He seeks this connection with other Mexicans by looking for a serial killer, inspired in some way by *They Might Be Giants*, a film in which a man is suddenly convinced that he is Sherlock Holmes and decides to be him in a Quixotic attempt of dealing with everyday life saying, in words that echo Cervantes's, that they might be giants. The final result of Belascoarán's attempt to bring some sense of justice to his part of the world is tied to his necessity of being part of something, something that includes an imagined community, as part "del huracán" of daily life.

In this way it is clear that rationality, or at least one based on any concern that he has for his safety, does not predominate in Belascoarán's actions. He makes more money as an engineer, although he may like being a detective more and he may feel better about doing something, or believing that he is doing something, for the community. But his life is also in constant danger – and the police are one more possible enemy that he has. The clear importance of something beyond what is entirely rational in Belascoarán's decision to be a detective, especially the ethical concerns that guide his transformation from an engineer to detective, helps demonstrate the weakness inherent in considering nationalism solely on the basis of rational considerations that social constructionists see guiding social relations, like Canclini did when he questioned the ability of individuals to identify themselves with their compatriots. Belascoarán finds himself connected with his local and national community through the desire that underscores his search for justice. It is perhaps impossible to define or quantify his contributions to the task of making Mexico more secure, but it is his objective to make Mexico City safer to some individuals in particular, like the adolescent girl he protects in *Cosa fácil*, and by capturing the Strangler he makes the city safer for women alone at night[14] – the demographic group affected by the Strangler's actions. Furthermore, the national population benefits when his cases address more important cases, such as that involving the *halcones* or the campaign against Cuauhtémoc Cárdenas. Belascoarán's project is not carried out in the name of class warfare but instead for the sake of democracy and the rights of those who have found their rights violated or ignored, actions that certainly connect his with leftist projects without necessarily being specifically leftist in nature.

But what Belascoarán Shayne does seek above all through his individual quest for justice is solidarity so that he may be an insider in society, acting against the criminals whose actions make them outsiders. In *Cosa fácil* he listens to and then meets El Cuervo, a nighttime deejay who conceives of his program as "[u]na mano amiga en el aire" [a friendly hand on the air] that is "[u]na voz para combatir el insomnio, la soledad, la desesperación, el miedo, las horas de trabajo nocturno mal pagado, el frío" [a voice to fight against insomnia, loneliness, despair, fear, the poorly paid night hours, the cold] (89). In short, El Cuervo strives to be "[u]n compañero en el aire" [a friend on the air] (89). After they meet, El Cuervo assists Belascoarán with his cases, providing updates on the radio and sending messages to Belascoarán's antagonists. More relevantly, El Cuervo carries out a function that Belascoarán also aims to do: that of being "[u]na mano amiga" [a friendly hand], a task that he undertakes with the aim of making the city safer. This role is particularly important given the endemic corruption of the Mexican police force and the almost absolute lack of confidence in their ability to provide security for the country's residents. He is no longer "de los que cagan y se olvidan de la caca" [one of those who shit and forget about it], as one of his office mates accuses of him (35). He has become a protector of a society that does not have stability regarding public security. Belascoarán recognizes this, perhaps for the first time, when he takes on the task of protecting an adolescent woman, reflecting on why he had become a detective, and noted "…que le gustaba el papel de

14 While the Strangler attacked random women, evidently only because they were easy prey, one man killed his girlfriend, using the existence of the Strangler as cover for his crime. Albeit indirectly and, of course, with limitations, capturing the Strangler eliminated at least one threat to women.

protector silencioso que le adjudicaban los acontecimientos" [that he liked the role of silent protector that the situation required of him] (100). Like El Cuervo, Belascoarán does what he can to benefit others – in his case, trying to bring security to his clients and even to other members of society.

Missing from his quest for solidarity are ideological or even political concerns. However, ethical concerns dominate this search. In *Días de combate*, Belascoarán faces the absurd nature of his task when the Strangler tells him:

> En ese mismo intervalo de tiempo [durante el cual doce mujeres murieron, once a manos del Estrangulador], el Estado ha masacrado a cientos de campesinos, han muerto en accidentes decenas de mexicanos, han muerto en reyertas cientos de ellos, han muerto de hambre o frío decenas más, de enfermedades curables otros centenares, incluso se han suicidado algunas decenas … ¿Dónde está el estrangulador? (222, ellipsis in the original).
> [In that same period of time [during which 12 women killed, 11 at hands of the Strangler], the state has massacred hundreds of peasants, dozens of Mexicans have died in accidents, hundreds have died in brawls, dozens more have died of hunger or cold, hundreds more of curable diseases, even a few dozen have committed suicide … Where is the Strangler?]

To make matters worse, the Strangler proposes that they are equals: "Yo inventé al estrangulador, usted inventó al gran detective que acabaría con el estrangulador" [I invented the Strangler, you invented the great detective who would finish off the Strangler] (220). According to Márquez Thiess, the Strangler, they need each other: "Vino usted por un estrangulador. Lamento que sólo encontrara un espejo más perfecto y acabado de su propia imagen" [You came for a strangler. I am sorry that you have only found a more perfect and finished image of your self] (222). For Márquez Thiess the two of them share an identity as adversaries in a game that he is playing – as much with Belascoarán as with the city's residents.

But there is a distinction between the two. Although they may both be players in a sort of melodrama, they have different motivations for their actions. Belascoarán is there because he wants revenge for the women assassinated by a serial killer: "Le debo la venganza," he tells the stranger, "a doce muchachas muertas por un juego de salón en manos de un monstruo" [I owe revenge to twelve women killed by a monster playing a parlor game] (223). Belascoarán is different, not only from Márquez Thiess, a pseudo-aristocrat who decided to kill women, but also from nearly all of the other social actors, as the narrator notes in *Cosa fácil*: "El único que desentonaba moralmente en el paisaje nacional era quizá el propio detective" [The only one who was morally out of place in the national landscape was probably the detective himself] (197). Even if he is playing the same game as the Strangler, the crucial difference is the role being played. He is not perfect; he is a three-dimensional character with vices and imperfections. But he is the hero in a game, a melodrama, that requires heroes and villains. What defines him as a hero is his code of conduct – precisely what Sartre proposed in his existentialism. For this reason that the Muchacha de la Cola de Caballo insists on him acting in ethical terms in order to defeat the villain, the Strangler: "Para enfrentarlo, para destruirlo," she tells him, "tienes que ser diferente. Tienes que ser moralmente diferente" [to confront him, to destroy him you have to be different. You have to be morally different] (175). The only way that he can truly achieve a victory over the Strangler is by making it a game of ethics and by assuming the role of the hero, the virtuous one.

While the quest for solidarity on an individual level remains largely unfilled for Belascoarán in Taibo II's novels, with only fleeting signs of fulfillment in his new relationship with his siblings and with the Muchacha de la Cola de Caballo, it is still clear that the ultimate aim of Belascoarán's decision to become to detective, leaving behind his previous life, was a vague sense of communion with his fellow Mexicans, as noted when he questioned why he had left behind his comfortable middle-class life and had become a detective: he thought he owed a debt, "no con la profesión y el oficio, sino con su sumisión al ambiente, con su desprecio por los trabajadores, con sus viajes por los barrios obreros como quien cruza zonas de desastre." But most importantly, "Regresaba el ambiente en que se había formado y deformado y necesitaba mostrarse a sí mismo que era otro" (100). As such, his actions are largely devoid of political content. Furthermore, his actions are explained as consistent with Sartre's notion of individual freedom and action in his existentialism. While his objectives as a detective are certainly consistent with leftist ideals, they are not defined or constituted by them. Instead, his actions display a sense of ethics that values solidarity above all else. As his enemies are not defined in political terms but rather by the role they play in the melodrama of right and wrong, of insiders to society and its criminal outsiders, Belascoarán establishes the role of the detective or those who fight against crime or general wrongdoing in later works. The private justice that Belascoarán and other detectives carry out is characterized above all by an interest in doing what is right for society. These actions, defined in ethical terms, aim not only to punish criminals but to establish a connection with others.

While Belascoarán Shayne's decision to be a detective is ultimately linked, albeit vaguely, with a sense of leftist politics, its connection is based more on a sense of what is right than with a connection of some sort of political agenda. He becomes involved because he tries to do what is right and stays involved for that reason. Despite having renounced his career as an engineer, he does not need to be a detective for money and, in later novels, this is evident in the ways that he avoids his clients and potential clients. The absurdity of him being a detective is perhaps most notable in this aspect: while wanting to be one, he does not want to carry out his duties. He is a lone figure trying to make the city and his country a better place. It is a struggle that he cannot win because the forces of corruption are too great.

The vengeance attempted by Doctor Juan Alberto Rainey in Héctor Manjarrez's novel, *Rainey, el asesino*, further explores the depoliticization of the actions of detectives, in this case a surrogate detective, a doctor who takes on the case of obtaining justice for a distant relative who was unjustly killed as a prisoner of war during Argentina's ill-fated attempt to take control of the Falkland Islands. While Belascoarán Shayne's actions are devoid of ideological commitment – he undertakes his actions as a detective not because of a political commitment but because of a personal one – they are loosely tied to leftist causes, a connection strengthened by his sense of what is right and his brother's political activism. The actions of Doctor Rainey are likewise completely devoid of any sort of political commitment. Despite the context of Argentina's Dirty War and military dictatorship, his actions are only loosely tied to a vague sense of "*redressement* entre pobres y ricos" [a *redressement* between poor and rich] (57).

The novel's context is the wrongful killing of Jorge, a young man who decided to be a soldier out of some sense of patriotic calling when the military regime that governed the country used the pretext of taking the Falkland Islands from the British as a means of using nationalist sentiments to distract from the regime's fall in popularity. According to the official version that his mother and sister were provided, Jorge was killed after he attacked a British officer after being captured in the war. Years later, however, they learned that this version was only, at best, partially true, as it was not necessary to kill him for the officer to have defended himself: "El chico [Jorge], dijo el sargento, quiso ser un héroe o vengador y fue asesinado por un cobarde disfrazado de soldado que en el suelo todavía lo pateó despiadadamente (*viciously*)" [The kid [Jorge], said the sergeant, wanted to be a hero or avenger and he was assassinated by a coward disguised as a soldier who viciously kicked him even after he was down] (26). This officer was Johnnie Rainey. When his mother and sister learned of this revelation, as they were poor they turned to their relatives to see if someone could help them seek justice for Jorge. A distant relative, Doctor Rainey, who had met Jorge only a few times in his life, was moved by the story and he decided to undertake the challenge of obtaining justice for Jorge.

He soon realized that legal remedies were fruitless as several years had passed and a military tribunal had already cleared Johnnie Rainey. At this time, he stumbled across the name of Sir John Rainey in the newspaper and, believing him to be the officer known as Johnny Rainey, used the information to send him anonymous letters from different parts of South America, telling him that he knew what he had done in Port Stanley. He made a trip to England – where he had previously studied – to confront him. Doctor Rainey pursued Sir John and easily found him. They talked and while talking Sir John suffered an apparent heart attack. Despite having medicine that could have helped, he brought him to an emergency room where, upon leaving him, he shouted, "¡Ojalá no se muera!" [I hope you don't die!] He took a ship back to South America and found a newspaper that reported the incident:

> A Iain Rainey también se le ha mencionado a últimas fechas en relación con algunos crímenes que se le achacan al antiguo régimen apartheid de Sudáfrica, con el que habría colaborado com mercenario en el asesinato de algunos elementos de la oposición… .
>
> De modo que quizá el ex mayor Iain "Johnnie" Rainey es culpable, esta vez indirectamente, de otra muerte. (83–4)
>
> [Iain Rainey has also been mentioned recently in regard to some crimes that were committed to the old apartheid regime in South Africa in which he collaborated with some mercenary assassins of some opposition elements …
>
> In this way perhaps the former Major Iain "Johnnie" Rainey is guilty, this time indirectly, of another death]

Finding out that it was not Sir John who had killed Jorge and that it was his half brother – who was a clearly villainous figure – Doctor Rainey realized that "[había] cometido un error mil veces mayor que el de su sobrino cuando atacó a Iain. No cree en Dios, como sabemos, pero aprendió a creer en la justicia. Y la traicionó cuando creía servirla" [he had made a mistake a thousand times greater than his nephew when he attacked Iain. He doesn't believe in God, as we know, but he learned to believe in justice. And he betrayed it while thinking that he followed it] (85). His attempt for his private justice failed in part because he made a grave mistake regarding his target.

The novel raises the question of ethics and problematizes the value of private justice. Doctor Rainey's mistake regarding Sir John transformed him into a murderer; he is little better than Iain and failed to avenge Jorge. This challenge is one faced by any individual or group that seeks justice on their own. The severity of the punishments imposed by such groups in lynchings – usually a gruesome death – makes mistakes impossible to remedy. While individuals who have been wrongly imprisoned cannot recover the time lost in prison – they can be freed and remake their life in some way – the death penalty is irreversible. This was an issue that Belascoarán Shayne struggled with. It was made easier for him by dealing with a psychopath and the recognition that he might not be properly punished by a corrupt police force. The Strangler's death, caused primarily by the Muchacha de la Cola de Caballo while he was trying to escape from Belascoarán, along with his confession, allows Belascoarán few worries regarding the ethics of his actions: he may have caused the death, but the man was guilty and the police are unlikely to capture and punish him. The question of ethics was also raised in *Cosa fácil*, where he ultimately kills no one. He breaks the jaw of one of the executives who was involved in the case, ransacks the house where the illicit photographer worked, reported the crimes of Paniagua, and recognized that he should not share the truth that Zapata was still alive. The question then turns to what value do these actions have if they cannot punish those suspected of crimes and, even worse, they realize that stopping crime is never going to happen.

His failure, however, points to the dilemma that crime fiction addresses: that of how to be a citizen under neoliberalism. With the ethical question taking center stage as it had previously done in what is probably the first neopoliciaco work in Mexico – Vicente Leñero's *Los albañiles* – crime fiction has come full circle as it questions the task undertaken by detectives. The prominent place of the question of ethics regarding justice and vengeance underscores the commitment to posthistoricism that crime fiction unwittingly and begrudgingly supports.[15] Enemies are no longer defined by their beliefs; they are those who have broken the law – or some semblance thereof. Such is the fate of those responsible for the horrors that helped with the implementation of neoliberalism in the region: Pinochet, perhaps the most notable of these, was famously subjected to numerous hearings before passing away before the courts were willing or able to subject him to a trial. Likewise, the person deemed most likely responsible for the student massacre in Mexico, then Secretary of State and later President, Luis Echeverría, was also subject to hearings to determine his guilt in the death and incarceration of many students in 1968. These trials, however, failed in two ways. On the one hand, they were unsuccessful at bringing them to justice. They were subject to hearings but ultimately exonerated or declared to be outside the scope

15 I refer mainly to the political dimension of posthistoricism as discussed by Walter Benn Michaels in *The Shape of the Signifier* and by Forrest Colburn in *Latin America at the End of Politics*. Colburn describes the political environment as one in which political positions are not grand ideological stances, consistent with the notion of the end of ideological conflict found in posthistoricist discussions, formidably discussed by Michaels. For his part, Colburn stresses that the end of ideological conflict, something that has resulted from capitalism's victory in the Cold War, was one that occurred "more through default than victory" (2). Crime fiction, with its project of private justice that is divorced from any sort of large-scale (political) ideology, tied as it is to questions of communal solidarity, takes part in this project without embracing it. As such, crime fiction is a symptom of the posthistorical condition and, as such, does not support it per se.

of what the courts were able to do. On the other, the action of trying them in court underscores the failures of the Left under neoliberalism. Without a viable alternative to neoliberal capitalism, they have no choice but to see their enemies as criminals and thus as outsiders, nullifying ideological conflict and preserving capitalism's anemic Cold War triumph. As such, crime fiction is the story of the failure of the Left. They, like many of its actors, may succeed at punishing some known criminals who either have escaped punishment through the legal system. But in terms of saving the project of the Left to offer an alternative to neoliberalism, they have failed, not unlike Rainey who causes the death of the wrong Rainey. The only consolation is that the rationality that neoliberalism has imposed on the economy has not spread to the social body.

These texts express an interest in recovering a political agency lost in classical political thought, exemplified in Hobbes's *Leviathan*, wherein the individual members of society constitute the body of the state, surrendering their agency as a mass to the political will of the sovereign which, in a democratic republic, formally comprises the political will of the social body. The weakening of the state under neoliberalism has made evident gaps in its functions, leaving residents – who feel displaced from their political home, making them migrants of a sort who have lost their bearings if not their location – to face the options of filling the void themselves or living with the consequences of doing nothing. Rather than do nothing, people like Belascoarán Shayne and Doctor Rainey made a choice to try to address gaps in the functions that the state, under their idealization of it, would do. As the state did not, they acted. Their actions were not without consequences; even after the first two novels of the series, Belascaorán had serious doubts as to his role as detective even as he effected some positive outcomes. Rainey's mistake in addressing the issue emphasizes the need for ethical consideration of one's actions in such cases, but his dilemma was forced upon him due to the circumstances of the (perceived) lack of justice regarding Jorge. Their actions are an attempt to establish some form of communal solidarity in a world that has lost its bearings. In that, they succeed as even Rainey finds himself reconnected to others and gains an awareness of deeper societal problems that he had previously ignored. Their projects are incomplete and as such they represent the beginning of what may result in greater agency and interest in the events of the world around us. It is an unfinished task with an uncertain future. If they inspire others to take part in society, the numbers of social insiders grow and, in an idealized development of their project, the utopian project previously incarnated and articulated by the Left may find a rebirth in a different guise. Until then, detectives such as these are truly migrants – alone and displaced, even when they are at home.

Bibliography

Agamben, Giorgio. *Homo sacer: Sovereign Power and Bare Life*. Translated by Daniel Heller-Roazen. Stanford: Stanford UP, 1998.

Agamben, Giorgio. *State of Exception*. Translated by Kevin Attell. Chicago: U of Chicago P, 2005.

Aguilar Rivera and José Antonio. "Linchamiento: la soga y la razón." 2004. http://www.insumisos.com/lecturasinsumisas/Linchamiento_la%20soga%20y%20la%20razon.pdf. Accessed 27 July 2015.

Anderson, Benedict. *Imagined Communities: Reflections on the Origin and Spread of Nationalism*. Rev. ed. London: Verso, 1991.

Bhabha, Homi. "Introduction." *Nation and Narration*. Edited by Bhabha. London: Routledge, 1990, pp. 1–7.

Bhabha, Homi. "DissemiNation: Time, Narrative, and the Margins of the Modern Nation." *Nation and Narration*. Edited by Bhabha. London: Routledge, 1990, pp. 291–322.

Braham, Persephone. *Crimes against the State, Crimes against Persons: Detective Fiction in Cuba and Mexico*. Minneapolis: U of Minnesota P, 2004.

Breuilly, John. *Nationalism and the State*. Chicago: U of Chicago P, 1985.

Chambers, Iain. *Migrancy, Culture, Identity*. London: Routledge, 1994.

Close, Glen S. "The Detective Is Dead. Long Live the Novela Negra!" *Hispanic and Luso-Brazilian Detective Fiction: Essays on the Género Negro*. Edited by Renée W. Craig-Odders, Jacky Collins, and Glen S. Close. Jefferson: McFarland and Company, 2006, pp. 143–61.

Colburn, Forrest D. *Latin America at the End of Politics*. Princeton: Princeton UP, 2002.

Derrida, Jacques. "Force of Law: The 'Mystical Foundation of Authority.' " *Deconstruction and the Possibility of Justice*, Edited by David Gary Carlson, Drucilla Cornell, and Michael Rosenfeld. New York: Routledge, 1992, pp. 3–67.

Echegaray, Fabián. "Voting at the Marketplace: Political Consumerism in Latin America." In *Latin American Research Review*, vol. 50, no. 2, 2015, pp. 176–99.

Esposito, Roberto. *Communitas: The Origin and Destiny of Community*. Translated by Timothy Campbell. Stanford: Stanford UP, 2010.

García Canlini, Néstor. *Consumidores y ciudadanos. Conflictos multiculturales de la globalización*. Mexico City: Grijalbo, 1995.

Jackson, Michael. *At Home in the World*. Durham: Duke UP, 1995.

Lomnitz, Claudio. *Deep Mexico, Silent Mexico: An Anthropology of Nationalism*. Minneapolis: U of Minnesota P, 2001.

Malmgren, Carl D. *Anatomy of Murder: Mystery, Detective and Crime Fiction*. Bowling Green: Bowling Green State University Popular P, 2001.

Manjarrez, Héctor. *Rainey, el asesino*. Mexico City: Era, 2002.

McCann, Sean. *Gumshoe America: Hard-Boiled Crime Fiction and the Rise and Fall of New Deal Liberalism*. Durham: Duke UP, 2000.

Michaels, Walter Benn. *The Shape of the Signifier: 1967 to the End of History*. Princeton: Princeton UP, 2004.

Monsiváis, Carlos. "Ustedes que jamás han sido asesinados." In *Revista de la Universidad de México*, March 1973, pp. 1–11.

Nancy, Jean-Luc. *The Creation of the World or Globalization*. Translated by François Raffoul y David Pettigrew. Albany: State University of New York P, 2007.

Rodríguez, Ileana. *Liberalism at Its Limits. Crime and Terror in the Latin American Cultural Text*. Pittsburgh: U of Pittsburgh P, 2009.

Rushing, Robert A. *Resisting Arrest: Detective Fiction and Popular Culture*. New York: Other P, 2007.

Sánchez, Fernando Fabio. *Artful Assassins: Murder as Art in Modern Mexico*. Translated by Stephen J. Clark. Nashville: U of Tennessee P, 2010.

Sartre, Jean-Paul. *Being and Nothingness*. Translated by Hazel E. Barnes. New York: Washington Square P, 1956.

Sartre, Jean-Paul. *Existentialism Is a Humanism*. Edited by John Kulka. Translated by Carol Macomber. New Haven: Yale UP, 2007.

Schelonka, Gregory. "*Sombras nada más*: Community and the Emotions of Justice." *Lenguaje, arte y revoluciones ayer y hoy: New Approaches to Hispanic Linguistic, Literary, and Cultural Studies*. Edited by Alejandro Cortazar and Rafael Orozco. Newcastle upon Tyne: Cambridge Scholars P, 2011, pp. 87–103.

Smith, Anthony D. *Nations and Nationalism in a Global Era*. Cambrige, UK: Polity, 1995.

Smith, Anthony D. *Nationalism*. Cambridge, UK: Polity, 2001.

Stavans, Ilán. *Antiheroes: Mexico and Its Detective Novel*. Translated by Jesse H. Lytle and Jennifer A. Mattson. Madison: Fairleight Dickinson UP, 1997.

Taibo II, Paco Ignacio. *Días de combate*. Mexico City: Planeta, 1997.

Taibo II, Paco Ignacio. *Cosa fácil*. Mexico City: Planeta, 1998.

Taibo II, Paco Ignacio. *68*. Mexico City: Joaquín Mortiz, 1991.

Taibo II, Paco Ignacio and Subcomandante Marcos. *Muertos incómodos (falta lo que falta)*. Mexico City: Joaquín Mortiz, 2005.

Capítulo 3

Demetrio Anzaldo-González

La conciencia femenina en el mundo globalizador de *El cuerpo en que nací* de Guadalupe Nettel

INTRODUCCIÓN

El camino que recorre la literatura de la mujer mexicana se sigue expandiendo y en estas últimas décadas el brillo que ofrece ilumina hasta esos pasados mundos literaturizados bajo la mantra neoépica y también a los mundos presentes que estamos sufriendo en este, nuestro convulsionado mundo globalizado actual. En esa palabra de la escritora, de manera consciente o quizás no tanto, se comparte un deseo por contar y comunicar esperanza por la vida en libertad. En esa labor escritural creativa de las mujeres, se intensifica la realidad que se vive y se le deja hablar al mundo entero posibilitando una mejor comunicación humana, inclusive, con los Otros, los que nunca han sido escuchados. Así, las escritoras mexicanas contemporáneas promueven con su palabra artística la idea que el ser humano debe ser libre y ejercer plenas esas libertades en la vida, por lo que la búsqueda por la libertad de las mujeres y hombres de carne y hueso es una prioridad para varias de ellas en sus contradiscursos literarios.

En mi lectura sobre la novela *El cuerpo en que nací* (2011) de la escritora Guadalupe Nettel (Ciudad de México, 1973), quisiera proponer dos aspectos principales en mi aproximación crítica: el primero, es describir algunos rasgos de cómo se han constituido distintos cambios en la sociedad mexicana de las últimas décadas para, a partir de ahí, intentar explicar de qué manera continúan reformulándose dichos cambios en la palabra literaria de esta autora. El segundo propósito es retomar la siempre enriquecedora labor creadora de Sor Juana Inés de la Cruz; puesto que en el arte de la monja mexicana se perfilan los aspectos que están siendo reutilizados en la escritura novelística contemporánea de las autoras latinoamericanas, como lo es Guadalupe Nettel. De acuerdo a mi lectura crítica, las tendencias enciclopédicas y giros literarios que se destacan en la literatura autobiográfica de Sor Juana, vuelven a suscitarse también en la novela mexicana actual y en sus contrapartes latinoamericanas. En estas narrativas femeninas, se pone de manifiesto la intensa multiplicación de las protagonistas, voces, lugares, épocas y cambios socioculturales en la vida diaria al intensificarse los avances científicos, tecnológicos y, a la par, las problemáticas mundiales que amenazan con acabar con la vida de la mujer y por ende la del planeta entero.

Lo que sucede en el mundo afecta lo que se escribe y lee en la literatura, en la prensa, y en lo que se escucha/conversa en los pasillos de las escuelas y universidades, inclusive en la casa propia. La escuela y la vida familiar están directamente conectadas con la vida en sociedad, con los diferentes grupos y comunidades humanas que pululan en el planeta. La literatura, bien se sabe, copia a la vida, siempre se ha sabido; y los registros y ecos del pasado continúan resonando hoy en día. Lo que cambia es la velocidad del pensamiento, la aparición de los descubrimientos que continúan sucediéndose en ambas esferas literales y físicas. Por eso, en el manejo que hace de su pluma y/u ordenador la escritora Guadalupe Nettel se repiten muchos de los cambios que han afectado a la vida humana y a la creación narrativa de las mujeres en los últimos tiempos/espacios. En la novela *El cuerpo en que nací*, la protagonista es Guadalupe, alter ego y espejo de la propia Guadalupe Nettel, una mujer mexicana migrante nacida en la ciudad de México; es decir, la escritora escribe una escritura/autobiografía o eso es lo que se dice al entrar al texto. De inmediato, hay una conexión con la realidad descrita/vivida. Las décadas de los setenta/ochenta revividas en el corazón y periferias del México del siglo pasado. Este es el lugar desde donde ella emigra a la Francia del siglo XX y al espacio en el que vive y revisita a las otras ciudades tanto mexicanas como americanas que ha descrito. El fervor por lo urbano y los movimientos migratorios están presentes en la novela todo el tiempo. Asimismo, hay una coincidencia en las oportunidades educativas privilegiadas y del acceso personal al enorme flujo de información y conocimiento universal por parte de esta autora bien, que deposita en las descripciones que va hilvanando para conformar la vida pudiente de la joven Guadalupe protagonista de la novela. Hay, sobre todo, ese contacto ríspido e intenso entre los habitantes pobres y los ricos favorecidos que son divididos por los poseedores de los grandes capitales y de las grandes ciudades del mundo. De más está decir que hay una hibridación lingüística, cultural, social y física que transforma/oprime a Guadalupe y que nos va relatando fragmentada y repetitivamente la manera en la que ha revivido su vida. Esta fragmentación estratégicamente utilizada en la novela *El cuerpo en que nací* filtra elementos y aspectos de manera directa; pero sin problematizar en la lucha de clases ni extenderse más en lo cultural solo lo justo, casi puerilmente:

> A los doce años, el tiempo pasa aún muy lentamente. Aunque provenía de una familia instruida y bien acomodada, el hecho de convivir varios años con inmigrantes pobres,

> siendo a mi vez una inmigrante pobre, de una cultura y una lengua distintas a las locales, hizo que acabara identificándome con esa nueva condición y también con el entorno. (120)

Al reformular esos, sus recuerdos que se han convertido en palabras con imágenes y al confeccionarlos dentro de la narrativa autobiográfica, Guadalupe muestra un hábil conocimiento enciclopédico de los espacios y tiempos descritos que construyen su mundo literario. El manejo del entorno que hará la escritora a lo largo de la novela coincidirá con muchas de las manifestaciones artísticas de las mujeres en las cuales el manejo de la naturaleza, de la vida en sí se representa detallada hasta lograr trasmitir lo que se ve, lo que es y lo que se siente al vivir en esos y otros lugares como mujer. La palabra y la imagen nos darán una fotografía real virtual y concreta al ponerlas en comunicación mediante una memoria libre que se inserta en la literatura de la joven mujer migrante en un mundo dominado por los hombres.

Este uso libre de la memoria humana al crear los mundos fragmentados y autobiográficos son los que de manera impactante reviven una vida creíble, verosímil. Guadalupe Nettel llama la atención al comenzar a visualizar lo que es llevar a cabo una labor creativa en donde la protagonista es la misma autora que se hace otra a pesar de ella misma. La fuerza de la palabra descubre y muestra plena la dominación de un patriarcado despiadado. La memoria es uno de los ejercicios que se repiten con mayor intensidad en la novelística latinoamericana y que en el caso presente de Guadalupe, se logra llevarla a sus últimas consecuencias problematizándola. El ejercicio mental que realiza muestra la importancia de comprender que no se puede hablar del pasado sin tomar en cuenta la multiplicidad y complejidad de la vida humana, sus causas y consecuencias. Como diría Walter Benjamin en sus tesis sobre la Historia no se parte de la nada del pasado sino del todo universal que le da forma: "History is the subject of a structure whose site is not homogenous, empty time, but time filled by the presence of the now" [*Jetztzeit*] (XIV).

Por ende, al entrar al texto se reconocen muchos de los espacios, tiempos y personajes de la realidad nacional mexicana, americana, francesa, chilena y del enorme mundo patriarcal urbano contemporáneo que reconocemos en las páginas de la novela. *El cuerpo en que nací* describe también las últimas cinco décadas de la terrible realidad nacional e internacional. No habla solo del caso mexicano —por citar lo que hace la novelista oriunda del mismo lugar durante las seis partes que conforman la novela— sino de lo que han traído a la vida nacional tantos cambios económicos, políticos, sociales, culturales y tecnológicos que han recortado al planeta y puesto en entredicho, una vez más, al terrible sistema monopolizador y castrante que cambia de apelativos; pero, no de objetivos: la globalización o neoliberalización económica del planeta impuesta por los hombres. La novela de hecho se convierte en una especie de documento histórico que describe la migración mexicana, chilena, americana, chilena, francesa, africana y esa trágica realidad vivida por los seres humanos que ven con pavor cómo se ensombrece toda la existencia a lo largo de su caminar por el planeta. No hay un solo movimiento migratorio ni estas migraciones son cosa reciente, sino que ha sido un movimiento universal desde la aparición humana sobre la Tierra.

De hecho, se pueden apreciar algunas partes y aspectos de las problemáticas existenciales que suscitan nuevos movimientos migratorios emergentes. Las visiones y agregados literarios que van saliendo al momento de redactar lo recordado en la vida y pensamiento de Guadalupe Nettel, aluden no solo a su propia rareza física y personal, sino a la denuncia y reformulación que se postula ante las problemáticas sociales dentro de un sistema totalitario como ha seguido siendo el mexicano en su negación al racismo, clasismo y odio ancestral en contra de las mujeres y hombres: el genocidio mexicano. La violencia del narcoestado mexicano en contra de las mujeres, las diferentes minorías y en contra de su población son devastadoras, inhumanas. Por eso las trágicas experiencias terrenales y emocionales son relatadas crudamente al enfrentarse a los cambios físicos emocionales y mentales naturales en todo ser humano como pueden ser los de la sexualidad, la adicción, la pubertad, el suicidio, el odio, la mentira, el odio y el amor. En esta obra se observa una visión personal y otra colectiva de lo que ha sucedido en los lugares habitados. Hay un recorrido histórico, cultural y literario que asombra. Las memorias recobradas que se agregan al argumento autobiográfico de *El cuerpo en que nací* forman a este mundo ficcional fragmentado en movimiento y mantienen un registro vivo con las condiciones sociales literarias que se corresponden con la del mundo real mexicano y personal de esta escritora/escritura mexicana que recuerda al pasado histórica, enciclopédica y teóricamente.

PASADO GENÉRICO EN CLARO DIÁLOGO CON EL INTENSO PRESENTE MEXICANO FEMENINO

> [...]
> mientras nuestro hemisferio la dorada
> ilustraba del sol madeja hermosa,
> que con luz juiciosa
> de orden distributivo, repartiendo

a las cosas visibles sus colores
iba restituyendo
entera a los sentidos exteriores
su operación, quedando a la luz más cierta
el mundo iluminado, y yo despierta.
Primero sueño. Sor Juana Inés de la Cruz

Me hubiese encantado poder escuchar estos mismos versos saliendo de los labios de la propia Sor Juana Inés de la Cruz y disfrutar de un diálogo sincero por lo más real y verdadero con ella. Pero en la vida humana esa práctica comunicativa nunca se podrá dar realmente. La inmortalidad no se da en la vida de los seres humanos; a lo más, esta, se podría ganar figurada y materialmente al recrear magistralmente esas otras realidades físicas, inmateriales y/o ficcionales por intermedio de un habla y pensamiento llenos de imágenes que revelen la belleza intangible de la existencia y de lo existente a través del paso del tiempo que se va viviendo, que se va recordando y que renace en la literatura. En cambio, al repensar y dejar paso a la innata voluntad discursiva sí se logran escuchar-visualizar estos versos en donde se revela intensa, plena y segura una voz que va recorriendo entre brumas, silencios y contrastes la vida humana revivida, recobrada, recordada.

Son estas —las de la celebrada monja del siglo XVII— sus memorias, revisiones y creaciones hechas, palabras al interior del mundo Colonial y Barroco las que atraviesan los muros conventuales y contrarreformistas de La Nueva España para deslumbrar y remecer al mundo que escucha, ve, siente, huele y gusta, metafóricamente hablando, del brillo abrasador del quehacer artístico de Sor Juana. La voz de Juana —al igual que la silueta de esa legendaria/mítica ave que vuelve a nacer de entre sus cenizas— resurge, una y otra vez, con diferentes imágenes/palabras a lo largo de sus 975 versos. Su palabra poética-filosófica es una herencia que gustosamente se abraza, se recuerda y que sigue siendo revalorada entre las voces de las noveles escritoras mexicanas entre las que convive Guadalupe Nettel y otras escritoras contemporáneas. Como puede apreciarse en el siguiente fragmento que retomamos prestado de Ximena Sánchez Echenique (Ciudad de México, 1979) y que sigue dando forma al mundo masculino visto desde los espacios y tiempos mexicanos que recorre la voz de la mujer mexicana:

> Los poetas malditos nunca se preocuparon por poseer más caja que la página en blanco, porque ellos eran dueños y señores de la ciudad. Suya era cada calle, cada edificio, cada parque, cada fuente, cada monumento que les salía al paso. Maldita sea. ¿Fraccionada la Tierra, se acabó la libertad? Mudos poetas sin presupuesto mudándose a los márgenes de las ciudades se topan a las siete de la mañana con recién nacidas flores que morirán al anochecer. Inspirados. Al margen. La Tierra, ¿ella es? ¿Y aquellos machos deseosos

> de poseer inaccesibles damas, posesos poetas irredentos, aquellos muchachos que solo codiciaron la palabra exacta, nos heredaron las ciudades en su poesía? Pero la vida, ¿se puede poseer? ¿Quién poseerá los océanos, las montañas, los bosques, los ríos, los valles, los volcanes, cuándo tú también te hayas ido?, ¿quién poseerá tu tierra?, ¿tu Tierra? (260)

Por lo tanto, a esa otra voz femenina del pasado, a esta mujer mexicana perfilándose hacia la inmortalidad literaria en el tiempo presente, se le vuelve a escuchar para prorrumpir e irrumpir en el entorno sociocultural mexicano al que se le ha traído para revivir y reelaborar un decir proyectado hacia lo infinito que recrean en conjunto las voces de las escritoras mexicanas del imperecedero presente literario: Sor Juana tiene escuela y sus creaciones son un incentivo para todas. Esas voces de las fénix mexicanas siguen resonando en los márgenes de la existencia y de la ficción para conformar otra literatura que, como en la de Sor Juana Inés de la Cruz, logra mantenerse como un yo que se "despierta" haciendo autocrítica de este otro yo inmortal que la libera al dar a conocer las invaluables potestades del libre pensar y saber humano cuando no se le limita ni se le silencia. La sonoridad de la voz poética sorjuanina está de vuelta y se escucha en los umbrales del futuro.

El yo de Juana, es creado y recreado por la misma escritura en el que se oyen y se ven las palabras y los pensamientos de una particular manera de escribir-vivir en el mundo que acuña en su contextura gráfica sentimiento, pensamiento, acción y pasión. Es decir, *El Sueño* de Sor Juana Inés de la Cruz pulsa a la vida y a la muerte mediante un *verbum,* una palabra, inmersa en las márgenes de los mares de la filosofía, la poesía, la realidad y la vigilia. La potestad de su pensamiento y sentir vertidos en su retumbante e iluminada-despierta voz, siguen mostrando, claramente, a una sabia mujer que sabía y que se negaba a acallar las voces interiores de su pensante ser rebelde y revolucionario que insta a la vida libre en sociedad a pesar de su humana condición: "Pensé yo que huía de mí misma, pero ¡miserable de mí! Trájeme a mí conmigo y traje a mi mayor enemigo en esta inclinación", que no sé determinar si por prenda o castigo me dio el Cielo, pues de apagarse o embarazarse con tanto ejercicio que la religión tiene, reventaba como pólvora, y se verifica en mí el *privatio est causa appetitus*" (Sor Juana 48).

Esta rebelde mujer políglota mexicana, la que creyó más que los y las demás, inventa nuevas rutas espaciales y especiales para llegar a crear esta, su palabra monumental poética y esa, su otra voz autobiográfica ensayística que se sabe humana en los límites de la propia humanidad mundana del siglo XVII. De ahí que no nos resulte extraño intentar elaborar otro giro interpretativo y señalar que en *El Sueño y La Respuesta* se generan fuertes vientos que cambian el rumbo de la historia del pensamiento y del decir de las mujeres, y de algunos de los hombres que la han sabido leer. Es una revolución cultural y social gestada, practicada por ella misma y por aquellos que nos dejamos llevar por esos fuertes vientos nacidos, no del no saber ni del no decir, sino del hablar y del pensar de una apasionada/apasionante mujer que sabía que estaba despertando, creando una realidad pese a los sometimientos de los dogmas religiosos y de los humores humanos.

En los versos del *Sueño* se pueden observar como los movimientos del universo físico y la re-memorización y reutilización de las obras literarias y del conocimiento científico antiguo y moderno se empalman con el sentir y la comprensión del mundo hecho por la monja mexicana. Al movimiento epistemológico se le va uniendo el giro de la realidad histórica circundante que está siendo recreada en esta, su palabra literaria. Es decir, su pensamiento se ha hecho uno con la escritura real que va girando y escribiéndose al paso de las horas, al correr de las hojas y con el transcurrir de los cambios espectrales emocionales que se anuncian reflejándose en la palabra, en el pensamiento en movimiento. En su proceder hay una intensa recopilación de textos, pensadores, ideas, lugares, monumentos, estadios y espacios vistos y estudiados al escudriñar en el arte mundial del mundo nuevo nacido al amparo de ese otro mundo antiguo que ambiguamente se vuelve novedoso y literario para la insigne poeta mexicana. Como toda memoria oscilante la de Sor Juana no deja de ser fragmentada al sopesar las realidades conocidas y aún más al evocar a las desconocidas como las de las mujeres y temas que pasan por su pluma. Y hablando de la memorización enciclopédica y literaria, la de Guadalupe Nettel corre por universos paralelos puesto que su escritura copia los cambios de la vida y la alteración planetaria en consonancia con las ideas e imágenes que su escritura va recordando al paso de las horas, al paso de las páginas del ordenador o de la pantalla en blanco. En su lectura del mundo literario persiste la influencia de las diferentes teorías literarias y de los temas en boga. Las ráfagas del mundo real siguen siendo atrapadas por la literatura de la vida. Las diferentes épocas reseñadas y las diferentes facetas históricas que va enfrentando la joven Guadalupe a lo largo de su recorrido por las tierras como una joven mujer migrante mexicana se revuelven en la atormentada vida literaturizada para sacudir al lector que se ha entrecruzado con ella. Se podría decir que hay un encanto entre el sentido epistemológico y el de la creación literaria que persiste en toda la obra.

Son los aires literarios, los de las juanas mexicanas, los que dan sentido y luz a la existencia y que siguen soplando a su favor. De tal manera, esa artística remembranza colonial mexicana se revuelve en una intensa versificación fragmentada y repetitiva al describir sus memorias literarias-humanas donde resuena un legado contestatario al discurso masculino que se constata en la práctica autobiográfica que se deja escuchar nuevamente entre las voces creadoras de la literatura mexicana actual implementada por las mujeres que, como las novelistas Ximena Sánchez Echenique y Guadalupe Nettel (Ciudad de México, 1973), retoman su ejemplo y hacen del ejercicio novelístico una fragmentada reformulación práctica del énfasis globalizador masculino imaginado. La realidad del mundo y sus habitantes siguen estando en movimiento, innovando y creando obras como las que hacen las escritoras que hablan de lo que pasa en este globo terráqueo a causa de las fallas del sistema capital y sus monstruosas creaciones neoliberales. Como lo describe en su texto Sara Sefchovich al recopilar y conversar también con el trabajo literario de varias de las noveles escritoras mexicanas de las últimas generaciones:

> Una novísima camada de escritoras nacidas en las últimas décadas del siglo XX ha empezado a destacar, no porque los lectores las busquen, sino porque los suplementos culturales, nacionales e internacionales, los agentes, los críticos y los organizadores de ferias y conferencias lo hacen, en ese afán tan de hoy de ser los primeros en encontrar las nuevas gemas. Entre ellas, Guadalupe Nettel (1973) (*El cuerpo en que nací, Después del invierno*), obsesionada con el relato de sí misma y de su cuerpo. (135)

La vida y problemáticas mundiales llenan-llegan a las diferentes literaturas nacionales y acercan a las sociedades humanas compartiendo una tendencia globalizante que se intensifica en nuestros días bajo los mares y cielos de la tierra de este acomplejado e incierto siglo XXI. El cúmulo de voces literarias, críticos y pensadores es inagotable puesto que se está dialogando con la diáspora intelectual y creadora que navega en las márgenes atlánticas principalmente. Se viaje entre las distintas orillas de la realidad histórica, de la ficción. Existe una tendencia en la literatura a unir las márgenes/ciudades atlánticas y a poner en la vanguardia a estas regiones del mundo americano por sobre la geografía mundial. El viaje literario que muta y hace del tiempo el techo coronando lo mundial en donde guarecerse de las tormentas locales y mundiales que estamos sufriendo ahora. De ahí que en la novela autobiográfica de Guadalupe Nettel, se cuestione no solo la realidad vivida sino el mismo cuerpo literario en el que la protagonista Guadalupe vive y rememora lo vivido:

> Después de todo, doctora Sazlavski, las dudas no me dan tanto miedo. Poner en cuestión los acontecimientos de una vida, la veracidad de nuestra propia historia, además de desquiciante, debe tener algo saludable y bueno. Tal vez sea normal esta impresión continua de estar perdiendo el suelo, *quizás sean las certezas que tengo sobre mí misma y las personas que me han rodeado siempre las que se están esfumando*. Mi propio cuerpo, que desde hace años ha constituido el único vínculo creíble con la realidad, me aparece ahora como un vehículo en descomposición, un tren en el que he ido montada a lo largo

> de todo este tiempo, sometido a un viaje muy veloz pero también a una inevitable decadencia. (El énfasis es mío, 195–6)

Aquí se manifiesta una necesidad de recapitular de Guadalupe, la protagonista que tras ese viaje intenso, desgastante llamado vida, se identifica-une con la otra Guadalupe Nettel, la escritora de carne y hueso, para "contar desde el fondo de las entrañas" su terrible realidad circundante. La comunicación directa aludiendo y problematizando al lector es otra de las particularidades de esta narrativa autobiográfica que intensifica el ritmo vital de lo literal rayando en lo virtual. Lo que ha sucedido en la novela al igual que en el cine es que todo ha pasado rápidamente, casi sin parar, desvaneciéndose y casi sin sentir. La frenética realidad estalla ante la todavía más fugaz velocidad al traer a la memoria lo rescatable del olvido; es decir los campos de la ficción y la fugacidad del pensamiento racional se confunden. Todos los márgenes cada vez más porosos pronto se desvanecen y se unen en un circuito literario que empieza en donde termina cada lectura para reordenar esas otras márgenes creadas. Nada está fijo ni es para siempre: la palabra se confunde con las imágenes, los silencios con los sonidos. Las invenciones, avances, alteraciones, mutaciones y transformaciones hechas al universo existencial han potencializado el apocalipsis que se avecina. Y a lo largo de los seis capítulos que bordan a *El cuerpo en que nací*, ese miedo del personaje contagia a sus lectores y se multiplica en cada instancia de vida compartida en la existencia de la joven Guadalupe quien, constantemente, experimenta, el rechazo y la marginalidad dentro de las congregaciones humanas que la apabullan y de las que ella y nosotras formamos parte. En relación a esa situación Beatriz Sarlo escribe en su trabajo *La ciudad vista* al retratar a la Buenos Aires del presente evocando lo pasado en donde se reproduce lo que sigue pasando en los grandes centros urbanos, que como los aludidos en la novela, están enfermos, todos afectados por el síndrome de la globalización:

> Los extranjeros formaban tribus sólo unificadas por su carácter exótico y la distancia del miedo o del racismo. Siempre hubo extranjeros en la ciudad, a la que llegan en oleadas desde otras regiones del país, de América Latina, de oriente cercano y lejano y, últimamente de África. Cuando los judíos dejaron de ser extranjeros, la ciudad tuvo que acostumbrarse a los migrantes internos, y luego a los bolivianos, a los paraguayos, más tarde a los peruanos y los chilenos; poco después a los coreanos. El miedo a la ciudad contaminada por los extranjeros que prosperó en el primer tercio del siglo XX hizo despreciar, en los años del primer peronismo, a los cabecitas de las migraciones internas, que desde los años treinta reemplazaron como objeto de preocupación a los inmigrantes europeos de "mal" origen; finalmente, otros cabecitas de los países limítrofes ocuparon ese lugar. *La discriminación es un rasgo recurrente, como si cualquier identidad sólo pudiera establecerse sobre un sistema de diferencias ordenadas por los ejes de lo propio y lo ajeno.* (El énfasis es mío, 102)

En la novela no solo es la propia familia la que discrimina a la joven Guadalupe sino todo el entorno social que le causa, inclusive, el odiarse a ella misma al reconocerse solo una mujer mexicana migrante en tierras dominadas por hombres. Ese rechazo personal autoinfringido seguirá a lo largo de la novela hasta por fin llegar a la liberación de la identidad propia y aceptarse tal cuan ella es, ha sido y será: "después de un largo periplo, me decidí a habitar el cuerpo en el que había nacido, con todas sus particularidades. A fin de cuentas era lo único que me pertenecía y me vinculaba de forma tangible con el mundo, a la vez que me permitía distinguirme de él." (194–5). Cuando se usa una máscara para cubrirse el rostro, si bien nadie puede saber que existe bajo ella, esta es una poderosa marca distintiva que denuncia a todo el que la porta; es decir, lo separa del grupo identificándole *per se*.

Lo que nos trae a la memoria esta otra pequeña observación en cuanto a la aceptación o no de las responsabilidades del cuerpo y mente propios, de todo acto individual al accionar socialmente en el que todos nos encontramos; pero que seguimos sin llevar hasta las últimas consecuencias, sin cumplir ese compromiso tácito con los demás. Ante la personal autoconsciencia se autoimpone esa deuda contratada y dejo idealista que envuelve a toda palabra literaria. Algo de lo que también se discute entre lecturas y escritura planteadas/planeadas por Sonia Mattalia en su libro ensayo crítico teórico donde habla sobre las experiencias de las mujeres en la escritura y en la sociedad. Ella comenta que se siguen gestando fugas en la literatura latinoamericana escrita por las mujeres. Se plantea que si bien se sabe que hay una asociación entre la literatura y la vida, no lo es tanto en la crítica literaria puesto que se dan casos en los que no se lleva a cabo la propuesta político social menos el compromiso personal y ético que todo arte arropa: "Entre el personal y el no personal la cadencia de la escritura desustancia la supuesta coherencia de *ese* que escribe una lectura. Más bien lo que la escritura crítica convoca es la pulsación deshilachada de un sujeto que solo bajo la firma se afirma. (31–2)

Adentrándonos en esta tensión entre la crítica social y la literatura escrita para mandar mensajes políticos, irremediablemente, se entra en disquisiciones e interrogantes tensas que se mecen en toda obra de arte; en todo caso, surgen preguntas al amparo de lo que se vive en la literatura de las escritoras mexicanas, por qué: ¿cuál es la visión y el sentir de la mujer bajo la historia artística y sociocultural mexicana-americana actual? ¿Cómo ha pensado ella y de qué forma su manera de hacerlo se logra expresar vivamente dentro de la Literatura – aunque la suya haya sido silenciada, relegada, negada o violentada por los mismos colegas hombres –? ¿Cuál es la imagen que se tiene del sujeto mujer cuando se adentra ella misma dentro del tradicional quehacer artístico y cultural mexicano dominado por sus pares masculinos? ¿Por qué a la mujer se le sigue negando presencia y poder como poeta, escritora, creadora, pensadora o filósofa dentro de la sociedad y cultura americana/mexicana? ¿Cuál es la sorprendente relación que se vislumbra entre la mujer, la ciudad y la cultura ante la oficiosa ceguera mundial misógina? En fin de que se está hablando cuando se dice que no se sostiene la agencia? Estos y otros cuestionamientos forman parte del planteamiento e indagatorias sobre el quehacer y los giros literarios de pensadoras y poetas mexicanas/americanas que logran con su palabra histórica-literaria y pensamiento iluminado, hablar y pensar entre las márgenes que escapan al castrante control conservador de los dominadores. Se levantan aires de libertad en la escritura de la mujer, en su despertar ante la cruenta y vil mentira impuesta por un patriarcado mercenario.

No solo la palabra versada y controversial de las escritoras del continente han desplazado las sombras y pobreza mental del arte masculino; un "arte" que es evidentemente falso. Cristina Rivera Garza en su prólogo a *Palabras mayores Nueva narrativa mexicana* al compilar los textos narrativos mexicanos que se siguen escribiendo y leyendo en la actualidad comparte lo siguiente:

> Más que la conformación de un corpus literario o la delineación de fronteras nacionales estrictas, esta colección es porosa y varía. Está basada en la fuerza o extrañeza de los textos mismos, en la manera como interrogan a nuestros hábitos de lectores o conducen nuestra mirada hacia sitios inesperados dentro del muy cruento horizonte neoliberal de hoy [...] La noción misma de territorio, especialmente de uno calificado como nacional, merece amplia revisión en una era de migraciones impuestas o buscadas. Tal vez, como aseguraba John Berger de los poemas de Nazim Hikmet, <<el aquí [de estos textos] está en otro sitio>>; tal vez estos escritos confían, de entrada, <<en lectores que [están] más y más lejos>>, en esa otra lengua hacia la que se aproxima. (5–6)

En su literatura, en este despertar americano impulsado desde las vertientes atlánticas algunos de los nuevos escritores y escritoras com-parten un discurso certero y desestabilizador para con las nociones patriarcales imperando en el canonizado y oficializado pensamiento y decir patrístico del México contemporáneo y del ciego mundo globalizado. Asimismo, en sus universos literarios se multiplican los espacios, lenguajes, problemáticas actuales; como pueden ser los de las ciudades al borde del colapso, la violencia genérica, los feminicidios, los movimientos sociales independentistas de la población mundial en una Tierra que se acaba, a ojos vistos, a causa del dragón americano-asiático-europeo del hemisferio norte. Pero, todos están ante la realidad mundana, sometidos a las realidades concebidas por un pensamiento en un movimiento desenfrenado. A ese dinamismo espectacular convertido en palabras se le reformula en un enciclopédico y geográfico recorrido mundial escrito que, intermitentemente, va anunciando como en el ocaso del mundo, de las sombras que pasan de lo desconocido o diferente, el espacio se va haciendo cada vez más y más conocido, más iluminado y por supuesto, menos sombrío; puesto que en su movimiento escritural pensante y poético las escritoras ofrecen una visión globalizada que reformula y da lugar a la literatura contemporánea que se mueve dentro y fuera del mundo neoliberal con plena libertad.

Por ello y a partir del espacio multicultural que posibilita *El cuerpo en que nací*, se hará eco de la multidisciplinariedad, de los movimientos humanos y de las memorias múltiples del mundo que se reescriben, reinsertan y reformulan en las fragmentadas metamorfosis y vivencias del mundo imaginado por Guadalupe Nettel y la de esas otras moradoras, moradores, visitantes todos que se dan cita en la novela copiando los vaivenes y ruidos que asolan a la Tierra y a México, eje del texto circular. La aciaga tormenta y sacudida existencial siguen. Y aquí también en la capital mexicana se presenta uno de los mayores males de la situación histórica y social mexicana que se sufre ante la corrupción e impunidad oficiales; un sentimiento que se deja oír en el texto como una doble acción lúdica y crítica por medio de la inocencia del menor Jorge:

> Aunque la ciudad no era tan violenta como ahora, se hablaba ya de algunos secuestros y contrabando de drogas. Nosotros, claro, lo interpretábamos como podíamos, a través de frases sueltas que se escuchaban por ahí, en medio de las conversaciones adultas, en los noticieros del radio o en la televisión local. Una tarde, en el patio de mi tía, aparecieron varios billetes colgados en el tendedero. Eran dólares americanos, poco más de treinta, en billetes pequeños. Ondeaban como banderas al viento sobre los hilos de metal. Atrás, el cielo desértico de Juárez. Nadie pudo decir de donde habían salido ni si se trataba de un mensaje cifrado. Mi tío era cirujano y por su consultorio pasaba todo tipo de gente. Finalmente, mi primo Jorge, el más pequeño, de unos cinco años de edad y a quien habíamos tratado de mantener al margen de todo el asunto, aclaró el misterio: los dólares le pertenecían. Había escuchado hablar en diversas ocasiones del lavado de dinero y pensó que ya era tiempo de limpiar sus propios ahorros. (98–9)
>
> *Quid pro quo* (para usted lector)

MEMORIA DE MUJER(ES) EN LAS MÁRGENES TEMPORALES, SOCIALES, ESPACIALES

> Como ciudadanos del mundo aprendemos a conducirnos entre las culturas, países y costumbres. El futuro les pertenece a aquellos que cultivan las sensibilidades culturales las diferencias y a esos otros que usan esas habilidades para forjar una concientización híbrida que trascienda mentalmente ese "nosotros" en contra del "ellos" y nos lleven a una posición de nosotras conectando los extremos de nuestras realidades culturales.
>
> As world citizens we learn to move at ease among cultures, countries, and customs. The future belongs to those who cultivate cultural sensitivities to differences and who use

> these abilities to forge a hybrid consciousness that transcends the "us" versus "them" mentality and will carry us into a nosotras position bridging the extremes of our cultural realities.
>
> *Towards a Mestiza Rhetoric.* Gloria Evangelina Anzaldúa

La lectura crítica y teoría que posibilita toda literatura autobiográfica, en muchas ocasiones, se convierte en un espejo humeante en donde el lector encuentra trazos, luces y contrastes violentos que naturalmente se entrecruzan y estrellan frontalmente logrando darle luz a la oscuridad, capturando pasajes de esa realidad humana y que se ha vivido o que se ha revivido virtualmente en la literatura. Al lograr vislumbrar las realidades e irrealidades contenidas en la escritura novelística de Guadalupe Nettel, al dejarnos abrazar por el lenguaje literario de la novela, *El cuerpo en que nací* (2011) se logra entrar al mundo escrito-descrito convirtiéndonos no tan solo en lectores avezados o no, sino en parte importante de la trama, e inclusive, se pudiese pensar en convivir con los diferentes personajes y narradores con los que logramos compenetrarnos e, inclusive, comunicarnos. No solo estamos en las márgenes de la palabra literaria, ni simplemente estamos viviendo o reviviendo memorias en esa vida enmarcada dentro de los movimientos memorizados en lo literario, sino que estamos conviviendo con lo novedoso, lo diferente, lo conocido, lo inaprensible, lo diferente que se amolda a lo propio y a lo descrito y recordado en la novela por la autora y por cada una de las personas/personajes que se unen a esta doble comunicación que va de lo real, a lo ideal, a lo literario, a la vida. Ella y nosotros vamos viajando a través de los diferentes mundos descritos, y por aquellos otros espacios recobrados y/o revividos fragmentariamente al evocar esa vida adolescente en fuga y aquella otra todavía más fugaz que se menciona de pasada, la de sus familiares y conocidos en la etapa adulta.

Resulta interesante el juego de la memoria y del olvido que se efectúa en cada una de las descripciones hechas en la novela; como puede ser ese instante en que se entra a uno de los espacios indeseables como es el de la entrada a prisión para una jovencita que va a visitar a su aprisionado papá; sufrimientos en vida que ayudan a conocer más de esa angustia existencial que revive la protagonista-escritora y con la que formamos parte de ese "secreto" familiar:

> Son asombrosas las trampas de la memoria … Lo que lastima al recordar no son las circunstancias, que por fortuna ya no están, sino el solo reconocimiento de lo que antes sentimos, y eso nadie, ni siquiera una amnesia o el mejor de los analgésicos, puede cambiarlo. El dolor permanece en nuestra conciencia como una burbuja de aire cuyo interior está intacto, esperando a que se le invoque o, en el mejor de los casos, se le permita salir. (131–2)

La desolación que sufre Guadalupe durante su juventud al entender la tragedia familiar y conocer de primera mano cómo es que ha vivido su padre – y el saber la manera en la que se sufre en los centros de detención mexicana – rompen con muchos de los vacíos y dudas personales; pero incrementan el dolor existencial durante su madurez al darse cuenta de que muchas otras cosas horribles pasaron sin ella darse cuenta, en tanto se enfrentaba a su propia problemática existencial durante el exilio en Francia y con su propia historia académica y profesional como una mujer mexicana diferente viviendo en el mundo patriarcal. Al entrar de lleno al recuento de su vida y en las últimas páginas de esa reseña del texto editado como una escritora de éxito se intensifican sus dudas, las nociones del saber y del creer que lo que se ha relatado sea realmente lo que se ha vivido o no.

Las interrogantes se siguen acumulando en la mente inquisitiva de la protagonista Guadalupe Nettel abrumada por su vida; esa vivencia que nos comparte de nuevo ante la angustia y ante la realidad de los hechos con los que su interlocutora ficcional le cuestiona. Su supuesta sicóloga, la doctora a la que le confiesa con pesadumbre no saber si fue eso lo vivido, si fue, precisamente eso, lo que le sucedió o no, ella misma nunca lo podrá saber:

> Éstos son, sin duda alguna, los recuerdos de mi infancia y adolescencia, mezclados en una intricada madeja con una infinidad de interpretaciones de las que ni siquiera soy consciente. A veces pienso que abrir la pesada cubierta que me separa de la cloaca y resucitar los dolores del pasado no me sirve para nada, excepto para reforzar esa sensación de desasosiego que me trajo hasta su consultorio. También me pregunto si su silencio no ha fomentado la incertidumbre en la que ahora me encuentro. A veces, me da por dudar de toda esta historia, como si en vez de una vivencia se tratara de un relato que me he repetido a mí misma una infinidad de veces. Al pensar esto, la sensación de desconcierto se vuelve abismal e hipnótica, una suerte de precipicio existencial que me invitara a dar un salto definitivo. (182–3)

Esta autobiografía ordenada (se le pidió como encargo por la firma editorial y bajo contrato) a la que se aboca Guadalupe Nettel se convierte, a pesar de la planeación comercializada, en un dinámico texto globalizado que se desplaza libre, que se mueve, que nos habla y del cual formamos parte al reelaborar-colaborar con esa primera intención de la escritora: navegar por los mares infinitos de la literatura mundial "despertando" al mundo con imágenes de las mujeres que lo habitan, que se dejan oír a despecho de la parte opuesta genérica.

El cuerpo en que nací es un escrito intermitente e intermedio en el cual se viaja por ese mundo revisitado mediante una lectura-escritura mutante. Sus lecturas de la infancia, juventud y madurez junto con sus recuerdos pasados a la escritura saltan a cada vuelta de la página evocando múltiples pensamientos; así sea el mundo real, o lo sea el mundo inventado por la palabra, el de la propia autora que se literaturaliza envolviéndose en la fuerza de la escritura. Es todo un ejercicio de la creación y/o ficción; pero en él, este mismo sigue conteniendo elementos de la realidad histórica que revivimos al compartirla. Porque si bien disfrutamos del viaje dentro de la literatura de *El cuerpo en que nací*, viajamos enclavados por los diferentes fragmentos que representan su vida pasada en ciudades como las de México, Estados Unidos, Chile, Colombia, Francia, España, entre muchos otros lugares físicos y humanos, que quedan insertos en la novela. Nos damos cuenta de que lo que se vive y dice son visiones parciales y personales de esta latente espacialidad dinámica múltiple en la que vivimos realmente los seres humanos. Asimismo, en la novela no solo escuchamos las voces de los clásicos maestros que han tocado el aspecto urbano de la ciudad o en este caso particular de la Ciudad de México. El guiño a José Emilio Pacheco, Jorge Ibargüengoitia, Juan Villoro o Carlos Fuentes denota las voces de la literatura mexicana tangiblemente. La versificación prosística que logra Guadalupe con la historia de *Perla* o la de los *trilobites* revela a los escritores tanto mexicanos como argentinos, chilenos, alemanes y franceses que critican y políticamente cuestionan a la naturaleza y esa tirante y tangencial relación con los otros seres humanos con los que ella interactúa acremente:

> Mi lectura de *La metamorfosis* fue de lo más confusa. Durante las primeras páginas, no conseguía saber si era una desgracia o una bendición lo que le había ocurrido al personaje que, por si fuera poco, nunca demostraba ningún entusiasmo; pero tampoco dramatismo. Como él, yo también causaba cierta repulsión entre mis compañeros. Los niños son muy perceptivos y distinguían claramente el olor a infelicidad que exudaba mi cuerpo. (95)

Esa infelicidad corporal se plasma en las acciones taciturnas y hurañas que muestra la joven Guadalupe – son el espejo de su problema existencial al sentirse diferente y ser una mujer consciente en un mundo dominado por los hombres como lo ha podido constatar con su propia familia y en las diferentes sociedades donde ha vivido – y que se corresponden con las medidas impuestas a las sociedades que aun hoy en día hipócritamente la señalan, marginan y penalizan por ser mujer. La agresión social llega al ridículo por no considerarla a lo largo de su vida como una jovencita "normal", de verla como ese monstruo inventado por los *Sigmund Freuds* del planeta:

> No acababa de asimilar las metamorfosis a las que se había sometido mi cuerpo. Mi ropa era anticuada y mi corte de pelo más parecido al de Spike Lee que al de Madonna (el modelo de belleza que seguían las chicas de mi clase). Usaba unos lentes de pasta enormes color rosa, hablaba francés con acento latino y tenía un nombre impronunciable, vagamente similar al de una isla francesa perdida en el Caribe … Debía entonces elegir entre la disciplina del suplicio en aras de una normalidad física – que de todas formas jamás sería absoluta – o la resignación. Por el contrario, mi ojo izquierdo se afanaba en captar la mayor visión posible sin la ayuda de nadie. Esta actividad frenética le producía

> un movimiento tembloroso, conocido médicamente con el nombre de nistagmus, que la gente interpretaba como inseguridad o nerviosismo. Ni los *nerds* se me acercaban. Otra vez había vuelto a ser una *outsider* —si es que alguna vez había dejado de serlo. (117–8)

Resulta muy pesado para la jovencita Guadalupe entender esa violencia genérica constante que sufre y que seguirá padeciendo en sus diferentes etapas, inclusive ahora durante la madurez. El horror malsano de los hombres en contra de las mujeres, en contra de Guadalupe y otros seres humanos se puede observar claramente en el manejo violento y castrante del lenguaje y pensamiento masculinos hecho por la sociedad actual. No se debe seguir siendo inmune indiferente ante la xenofobia ante el racismo disfrazado y ante el infame sexismo. A los hombres no les basta denigrar a los otros seres humanos etiquetándolos como "extranjeros", "indios", "negros", "estatuas", "bestias" "aves raras" "fénix del mundo", "musas", "ángeles", "hechiceras" "monstruos", "locas", "vírgenes", "demonios", "marimachas", "mariconas" sino que de su vileza llegan a la violencia, al genocidio/feminicidio. Hoy existe una urgente demanda por disipar las oscuridades presentes en México, en el mundo porque nadie debe ser considerado un *outsider*. No hay extraterrestres y nadie es ajeno a la tierra. Todo adjetivo femenil derogativo criminal tiene que caer por su misma vileza perenne (el peor calificativo dado de un hombre en contra de otro es llamarle mujer).

Por otra parte, las ciudades vistas en *El cuerpo en que nací* de Guadalupe Nettel se van perfilando entre las diferentes ciudades atlánticas para enfatizar la importancia cultural y económica del mundo real sobre el literario. Si bien se dramatiza el movimiento migratorio de Guadalupe, y su familia, en la novela, de alguna manera, encuentran refugio y protección en los diferentes espacios que han ido habitando. La alusión directa a los diferentes centros urbanos va relacionada con la reutilización de los temas de la pobreza, violencia, memoria y globalización; pero, esas problemáticas mundiales se describen como algo que pasa sin lograr profundizar en demasía en esos dilemas existenciales. ¿Tal vez no se le haya permitido?

Por lo que las coincidencias que resultan al estudiar la novela *El cuerpo en que nací* de Guadalupe Nettel y *El sueño* poema de Sor Juana Inés de la Cruz se asemejan más en algunos de los trazos geográficos, en las problemáticas sociales, en la extensa/lúcida recopilación bibliográfica y en los códigos multiculturales revisitados por estas dos mujeres mexicanas. Sor Juana ayer y hoy Nettel muestran un saber enciclopédico y una propuesta que rompe con muchos de los cánones literarios y condicionamientos sociales por extensión.

De ahí que los movimientos de las memorias mundiales mexicanas recapturadas por la palabra vista leída y estudiada en Juana Ramírez de Asbaje a lo largo del siglo XVII, se continúen de una manera muy diferente en estas otras memorias recobradas que abren paso a la erudita prosa globalizadora y fragmentada reescrita por la novelista mexicana Guadalupe Nettel en este naciente siglo XXI. Si bien hay una real diferencia vista en el uso de códigos, lugares, tiempos y contextos socioculturales con los que no nos sentimos familiarizados, sí se puede reconocer que en la escritura literaria de Guadalupe Nettel se mantiene ese tenso dinamismo que existe entre la realidad y la literatura ofrecidas por el arte enciclopédico y lingüístico de Sor Juana Inés de la Cruz. Ambas escritoras comparten a distancia este monumental espacio geográfico (la explotación histórica dada en la zona atlántica del planeta es parte del éxito cultural actual) y urbano llamado México y su relación con esta metamorfoseada capital mexicana en la que leemos:

> Los límites de la unidad estaban marcados al este por la avenida Insurgentes y al oeste por un club deportivo ubicado en el mismo lugar donde años atrás se habían llevado a cabo las Olimpiadas de 1968. Sus instalaciones contaban con una pista de tartán y una alberca de cien metros. También había una pirámide, una iglesia —habría sido más democrático poner una sinagoga— y un supermercado estatal de dimensiones enormes para la época. De todos los rincones de aquel lugar, mi preferido era un árbol situado justo frente a mi edificio y cuyas ramas alcanzaban el departamento en el que vivíamos. Se trataba de un Pirul muy antiguo arraigado sobre un montículo de rocas volcánicas. Un árbol espectacular por el ancho de su tronco y la espesura de su follaje. La sensación que me daba al trepar en él era de desafío y al mismo tiempo de cobijo. Tenía la seguridad de que ese árbol no iba a permitir jamás que yo cayera de sus ramas y por eso las escalaba hasta la copa con una tranquilidad pasmosa para quienes miraban desde abajo. Se trataba de un lugar de refugio en el que no era necesario encorvar la espalda para sentirse a salvo … Era como si en algún momento hubiera decidido construir una geografía alternativa, un territorio secreto dentro de la unidad por el cual pasear a mis anchas sin ser vista. (29–30)

En este acto de comunicar la influencia del cáustico medio ambiente urbano, de la naturaleza y del hecho de vivir en una de las ciudades más conflictivas del mundo atlántico, se reconfirma la influencia del sórdido ambiente que se comparte con los otros habitantes con quienes se ha convivido en las diferentes ciudades francesas, americanas y mexicanas la invisibilidad social. Siendo oriunda de la ciudad de México, esta es la que se privilegia sobre las demás urbes con las que se relaciona Guadalupe. La ciudad de la primera y, a la misma vez, la última señalada en su novela. La Ciudad de México, al igual que la misma protagonista, resulta ser una ciudad cambiante que sufre la alteración planetaria también y que la escritora retrata mediante una cartografía literaria fragmentada aludiendo a su propia mutación. Su aleccionadora y sabia escritura-lectura repetitiva logra dar cuerpo a un ejercicio literario que, al mismo tiempo que va desmitificando al mundo tradicional mexicano, va desdibujando a las subsecuentes reconceptualizaciones concebidas por los hombres sobre la misma ciudad que niega la presencia de los otros. Por ende la mujer llega y se apropia también del espacio de la ciudad, ella rompe con las ataduras y prejuicios al ser la protagonista en un mundo misógino y castrante. Pero algo más está cambiando dentro de la narrativa mexicana que se explica, en parte, por el frenético impulso depredador del sistema capitalista y por las enormes tensiones y fatales consecuencias que desgarran al planeta entero.

En su largo escrito/estudio, *El cielo completo,* sobre la literatura mexicana actual, Sara Sefchovich, ha puesto en claro tres factores que condicionan y/o definen el trabajo de las jóvenes escritoras mexicanas: "la obsesión por romper con moldes, modos, tradiciones, lenguajes; las imposiciones del mercado y una enorme arrogancia". (136–7). Podría decirse que son factores comunes también para la escritora Guadalupe Nettel, pero también podría ser una excesiva generalización de mi parte puesto que esta es mi primera impresión con su trabajo. Algo que sí es factible por la voluntad de las mismas escritoras que como Sara comparten esa necesidad de crear y darle libertad a la vida misma en la literatura que se vive y revive en la propia biografía, es la visión mundial, cultural y social que comparten: "las mujeres han hecho de su escritura una forma de vida y de su vida una forma de escritura: el mundo como texto, el texto como mundo" (301). De hecho, esa práctica de la autobiografía, de la crítica y creación literaria en la vida de los seres humanos, especialmente la de las mujeres, sigue en pie abrasando y arrasando con las taras del patriarcado. Lo que sí me queda claro es que en este contemporáneo arte narrativo urbano de la arquitectura literaria mexicana se siguen buscando cielos libres entre los opresores y atormentados espacios mundanos. En la autobiografía se halla una vía y una propuesta de libertad: "La autobiografía sirve a Sor Juana para sostenerse y construirse como sujeto, tanto en el trayecto vital como intelectual, por lo que no se propone la rememoración de su vida sino que la puntúa autorizándose en la pasión de saber y proveyéndose un nombre en la vida y una rúbrica en la escritura." (Matallia, 117)

Como lectores, pensadores y consumidores de la literatura mexicana creada por esas otras lectoras, mantenemos una comunicación directa y libre con el pensamiento literaturizado, con esta práctica biográfica y narrativa autobiográfica a la que nos acercamos para poder aprender y aprehender del universo revisitado por la mujer. La labor intelectual es intensa y esta práctica crítica y literaria le da alas al pensamiento presente; puesto que al entender que todo está relacionado en la literatura o por lo menos eso es lo que se observa al releer y compartir nuestra lectura a ese *Sueño* portentoso de Sor Juana y a la sapiente palabra de Guadalupe Nettel; además de verlas continuar con su permanente huella en la labor literaria de las mujeres mexicanas como ha sido en nuestra aproximación a *El cuerpo en que nací*. Es decir, como pensadora y creadora de una práctica literaria que condensa y describe los mundos filosóficos, intelectuales, sociales, culturales, artísticos e históricos vividos en la sociedad mexicana barroca, la palabra literaria de Juana se llena de un saber enciclopédico, científico y artístico que retoma de las diferentes épocas y estadios la versatilidad clásica y renacentista para entrar a los espacios infinitos del arte. Dando como resultado evidente la vigencia del arte literario mexicano de Sor Juana en la labor escritural que llevan a cabo las demás escritoras latinoamericanas. Las creadoras que, como Guadalupe, hacen hablar a la vida novelándola con ese mismo deseo erudito por compartir lo que se lee, lo que se escribe bellamente y con rebeldía; por lo menos se regodean ellas en la literatura que irrumpe en los espacios tradicionales en donde sí habla la mujer a despecho del sentir misógino y mendaz capitalista.

Sor Juana Inés de la Cruz, Gloria Anzaldúa, Ximena Sánchez Echenique, Sara Sefchovich, Sonia Mattalia, creadoras, al igual que Guadalupe Nettel y sus pares, son mujeres viviendo y reviviendo entre las márgenes de los mundos literarios e históricos y si en el pasado histórico permanecieron ocultas, ignoradas, vituperadas, silenciadas en el medio de la acción pública por la tiranía de los hombres, hoy siguen llevando adelante la labor creadora de toda mujer que se piense y se quiera libre. Por ello, por el valor de lo recreado con sus manos y proceder intelectual, en este ensayo que utiliza la comunicación hecha con *El cuerpo en que nací* y a partir de la siempre cambiante realidad, se difiere de los presupuestos que van en contra de la creación literaria y filosófica femenina o de la vana aceptación ante la labor creadora de las mujeres en el mundo, la cual se minimiza al absurdo. Las obras hechas por Juana y Guadalupe, por las escritoras y filósofas mexicanas, americanas y latinoamericanas, corroboran su magisterio, calidad artística y dinámica creatividad y singular belleza del pensamiento humano. Entregada o inclinada al estudio como suele citarse, Sor Juana misma reitera que ni su formación, pasión o género le impidieron llevar y hacer de su vida lo que con ella en verdad quiso hacer y crear: espacios libres para el pensamiento y accionar de la mujer mexicana independiente/consciente. La formación y creación de Guadalupe Nettel apuntan en la misma dirección.

De hecho, en la literatura mexicana escrita por mujeres se gesta y se le da vida a una forma espectacular y especular de novelar que da origen a textos estratégicamente constituidos que proyectan a sus creadoras como generadoras de otras voces, historias, imágenes y representaciones literarias que rebasan sus propias limitantes y las consabidas taras del capitalismo depredador en donde se comercializan. Las huellas de este desarrollo económico, existencial, escritural y cultural, puede entenderse como parte de las potencialidades del lenguaje literario y de las combinaciones que se dan y lo forman. El arte de la escritora mexicana

Guadalupe Nettel va en auge y en consonancia con esta tendencia mundial de la mujer mexicana. *El cuerpo en que nací*, recrea a un yo pensante y humano que se pronuncia con inquietantes voces e imágenes, enfrentando la realidad del mundo. Son palabras escritas, voces despiertas para las que no hay respuestas fijas o finitas; pero con las que sí se puede dialogar hasta lograr hacernos escuchar y despertar nuevamente la sed del conocimiento y la infatigable búsqueda del fin que todo arte propone: libertad.

ECLIPSANDO AL MUNDO GLOBALIZADOR QUE SE DESGARRA ANTE LA DIÁSPORA HUMANA

> The establishment of a memory is the key condition for the creation of social organization; it is also a cornerstone in the creation and maintenance of economic and contractual relations and systems of justice. For example, economic and social relations function only if the relation that bonds debtors to creditors is founded on some sort of contractual guarantee which ensures that debts, in some way or other, will always be paid. The presumption founding economic, social, and judicial relations is that every debt and obligation has an equivalence in the last instance, an equivalence between the debt owed and he pain the creditor can extract from the debtor. Pain becomes, in Deleuze's "a medium of exchange, a currency, an equivalent."
> El establecimiento de la memoria es la condición principal para la creación de la organización social; es también la piedra angular en la implementación y sostenimiento de las relaciones contractuales y económicas y para el sistema de justicia. Por ejemplo, las relaciones sociales y económicas funcionan solo si la relación que ata al deudor, al acreedor se fundamente en alguna especie de garantía convenida la cual asegura esas deudas, de un modo o del otro, siempre será pagada. La presunción que fundamenta las relaciones sociales, económicas y judiciales es la de que toda deuda y obligación tiene un equivalente en última instancia, un equivalente entre lo que se debe y el dolor que el acreedor puede extraer del deudor. El dolor llega a ser, de acuerdo a Deleuze "un medio intercambiable, una moneda, un equivalente".
>
> *Nietzsche y la coreografía del conocimiento*. Elizabeth Grosz.
> (La traducción es mía, 132)

La memoria literaria y el habla artística nos recuerdan una dolorosa situación que sigue haciéndose presente en las diferentes realidades históricas mexicanas: la injusta muerte de sus jóvenes estudiantes por manos fratricidas ordenada por sus gobernantes y servidores públicos que debieran haberlos protegido. Esas muertes de mujeres no pueden ser ignoradas ni seguir siendo utilizadas para sostener a un gobierno genocida; puesto que este sigue dejándolas fuera de la historia mexicana o continúa tergiversando la verdadera realidad de lo acontecido. Se tiene que acabar con tal impunidad de siglos dentro de la sociedad mexicana y seguir recobrando esas gestas heroicas de las mujeres y los hombres sacrificados o inmolados injustamente por el Estado mexicano; hay que darles la palabra, darles cuerpo y vida política a sus memorias e ideales en todos los frentes artísticos, culturales y sociales mexicanos. Por eso, la mujer que está recordando su vida se acerca a la literatura reformulando memorias, vivencias, pensamientos, emociones que no se han podido olvidar, que no ha querido dejar de mencionar para aprovechar la gran oportunidad de hacer de novelizar su existencia. Puesto que el ser diferente muchas veces hace la diferencia y en el caso de la escritora Guadalupe Nettel se comprueba al leer una vida novelada, una autobiografía desde esta diferencia femenina que sacude a la ciudad mundial masculina fruto podrido de la civilización masculina y de esos males señalados también por Walter Benjamin en sus tesis sobre la Filosofía de la Historia:

> For without exception the cultural treasures he surveys have an origin which he cannot contemplate without horror. They owe their existence not only to the efforts of the great minds and talents who have created them, but also to the anonymous toil of their contemporaries. There is no document of civilization which is not at the same time a document of barbarism. (VII)

Como se ha confirmado la globalización es consecuencia de "la degradación combinada del capitalismo y la democracia" (García Canclini) y la realidad presente la ha puesto en evidencia.

Por otra parte, la información que a lo largo de la narrativa se desprende de los continuos soliloquios y descripciones que Guadalupe ha compartido con los lectores, amplía el conocimiento de la propia realidad de la ciudad de México y de los diferentes países a los que ha viajado y en los que ha tenido que ser extranjera y el caso particular extranjero. En esta novela *El cuerpo en que nací* subsiste la necesidad de crear; pero también la de comunicar. De hecho como se ha visto en las diferentes pensadoras, poetas y escritoras hay una constante labor de comunicar lo que se vive siendo una joven mujer viviendo en la capital mexicana de la década de los setenta/ochenta hasta llegar al presente (una primaria impresión de parte de este texto escrito por Guadalupe Nettel fue presentada en el año 2009 en ciudad de México); pero, a la vez, se yergue la fortaleza de una joven pensante rebelde que a cada momento tiene que enfrentarse a la hostil, clasista y racista sociedad en la que ha tenido que convivir con propios y extraños. Es extraordinario el paso fugaz por las márgenes de la literatura hasta llegar a ocupar un sitio en el canon literario que logran algunas personas; algo más tendrá esta palabra que se ha conocido prestada y de la que no se tenía idea anteriormente por la poda material y carencias. Las cosas cambian, cambian las escritoras, cambian los críticos y todo sigue cambiando. Siendo una mujer y ser una mujer consciente en la sociedad mexicana la hace ocupar un sitio distinto y, a la vez, ser una mujer diferente llamada Guadalupe. Esa diferencia intelectual o esa indiferencia marginal, en el sentir de una mujer mexicana migrante que es marginalizada por ser física e intelectualmente distinta, le sirve para liberarse y crear una narrativa personalizada que potencializa otras palabras, otras imágenes. Dar a la luz entre las sombras un texto que reseña la gran noche mexicana puesto que no ha sido nada fácil navegar entre los ríos de sangre que bañan al país y todavía tener la oportunidad de crear otras realidades de ese México literaturizado. Acaso sea igual a una vida personal que se hace colectiva para hablar con y de los demás. La lectura-escritura de Guadalupe logra comunicar, contar otras historias, otras vidas llenas de dolor, ¿acaso de esperanza?

En la novela, la palabra versificada de Guadalupe Nettel, alivia el peso existencial que se le exige al arte literario no tanto por reutilizar los hechos inhumanos vistos en las diferentes sociedades humanas que descalifican a raros o diferentes, sino por darle voz, vida y agencia a la memoria de una mujer diferente, marginal, distinta, discriminada; ¿una mujer acaso olvidada, olvidadiza? ¡No, por supuesto que no, la memoria de una mujer mexicana será siempre memorable! *El cuerpo en que nací* es una autobiografía mexicana en donde la escritora-escritura se recrea a sí misma para reformular una realidad literaria otra impregnada del pasado real y de este otro intenso presente con el que se delibera. En verdad es un escrito que me ha permitido dialogar y conversar con las escritoras de ese otro arte mexicano perdido en la memoria; asimismo, este personal escrito fugaz me ha dejado conversar con la población mundial en la que, acaso, sirva para lograr superar los males y yerros humanos que nos están afectado en este mundo en el cual nacimos y al que hoy hemos vuelto a recordar allende el mar: México a pesar de la negra situación sigue luchando por ser parte del despertar de las conciencias americanas. La indoafromexicanamericana vanguardia está aquí y es nuestra, está entre nosotros y nosotras.

Bibliografía

Anzaldúa, Gloria. *Borderlands/ La Frontera*. Aunt Lute Books, 2007

Asensi, Manuel. *Literatura y Filosofía*. Editorial Síntesis, 1995

Benjamin, Walter. *On the concept of History*

Castellanos, Rosario. *El uso de la palabra*. Excélsior, 1974

Chambers, Iain. *Migrancy, Culture, Identity*. Londres y Nueva York: 1995

De la Cruz, Sor Juana Inés. *Respuesta a Sor Filo*tea. Introducción de Iris M. Zavala. Miguel Gómez Ediciones, 2005

Foucault, Michel. *Hermenéutica del sujeto*. Argentina: Editorial Altamira, 1996

García Canclini, Néstor. *La globalización imaginada*. Paidós, 1999

García Canclini, Néstor. *Culturas Híbridas*. (1989) Estrategias para entrar y salir de la modernidad. México, Editorial Grijalbo, 1990.

Grosz, Elizabeth. *Volatile Bodies*. Indiana University Press, 1994

Hind, Emily. *La generación XXX*. Ediciones Eón, 2013

Kristeva, Julia. *Poderes de la perversión*. Siglo XXI, 1989

Mattalia, Sonia. *Máscaras suele vestir*. Iberoamericana, 2003

Monsiváis, Carlos. *Aires de familia*. Editorial Anagrama, 2000

Nettel, Guadalupe. *El cuerpo en que nací*. Editorial Anagrama, 2011

Rivero, Eliana. Ambigüedades genéricas: Sor Juana y las fronteras de la crítica. *Letras femeninas*, V 35 No.1 2009. pp. 191–209.

Sánchez Echenique, Ximena. "En vez de hermosos sueños. *Palabras mayores. Nueva narrativa mexicana*. Malpaso, 2015. pp. 255–261.

Sarlo Beatriz. *La ciudad vista*. Siglo XXI editores, 2009

Sefchovich, Sara. *El cielo completo*. Océano, 2015

Villanueva, Darío. *Imágenes de la ciudad*. Ediciones Cátedra, 2015

Capítulo 4

Verónica Quezada

La fila india: Los intersticios de la migración centroamericana

> *Borders are set up to define the places that are safe and unsafe, to distinguish* us *from* them.
>
> *Gloria Anzaldúa*

¿QUIÉNES SON LOS INMIGRANTES QUE NO IMPORTAN?

La globalización se proyecta como una conexión positiva en la cual las economías florecen y distintas culturas (entre muchos otros componentes sociales) convergen en armonía. Pero, como ha señalado Néstor García Canclini, en Latinoamérica (como en otros países en vías de desarrollo) la globalización es imaginaria y compleja, no beneficia ni alcanza a todos y además es tangencial, puesto que una de sus mayores consecuencias es el desplazamiento violento de muchos latinoamericanos que se lanzan hacia los diferentes centros económicos hegemónicos.

Este es el caso de los ciudadanos centroamericanos originarios del triángulo norte de Centroamérica (El Salvador, Honduras y Guatemala), quienes más que emigrar, *huyen*[16] hacia el norte del continente en un acto desesperado de sobrevivencia amenazados por la pobreza, la violencia de las maras (o pandillas) o/y los carteles. La complejidad y el peligro de esta migración-huida se incrementa ante la necesidad de cruzar la primera frontera: México, lugar donde probablemente enfrenten más violencia que en su país de origen, donde incluso existe una alta posibilidad de perder la vida.

Por otro lado, el imaginario colectivo piensa erróneamente la globalización como un encuentro entre dos o más países distantes que entran en contacto por medio de la tecnología y las relaciones sociopolíticas, económicas o culturales. En el caso de Centroamérica y México, el contacto es entre países vecinos con la misma cultura, historia, idioma y costumbres similares. Países que, sin embargo,

---

16 El periodista Oscar Martínez ha hablado ampliamente acerca del uso del verbo "huir" para referirse a la migración centroamericana. Ver *Una historia de violencia: vivir y morir en Centroamérica.*

entran en una zona de contacto asimétrica[17] que escenifican la transformación de poderes imperialistas a neoliberales, en la cual el centroamericano está en una posición de desventaja y subordinación reflejando el forcejeo de poderes invisibilizados. México se ha convertido por omisión en vigilante de la frontera sur de Norteamérica con la finalidad de evitar la inmigración de centroamericanos a los Estados Unidos. México les da la espalda a sus vecinos del sur por cuidar los intereses de los vecinos del norte. ¿Será que México teme verse reflejado en la situación de sus vecinos inmediatos en Centroamérica? ¿Será que, al ignorar y reprimir los derechos humanos de sus vecinos centroamericanos, México cae en la falacia de superioridad que lo atrae a sentirse más favorecido por el vecino del norte? Tal vez la respuesta resida en incluir en la discusión la dificultad de aprehender tanto el concepto como los alcances de la globalización. Es una época de "todos contra todos, en la que van quebrando fábricas, se destrozan empleos y aumentan las migraciones masivas y los enfrentamientos interétnicos y regionales" (García Canclini 10). La realidad es que los países latinoamericanos enfrentan una lucha de espacios geopolíticos por sobrevivir ante la influencia directa de "un poder diseminado que se esconde bajo el nombre de globalización" (11).

Paradójicamente, el país del norte trata con la misma indiferencia y violencia al migrante mexicano. En consecuencia, se puede afirmar que México les da la espalda a sus propios migrantes —olvidando el gran aporte económico de estos por medio de las remesas— al apoyar la militarización de su frontera sur con Centroamérica. La red de dependencia y control territorial, económico y psicológico es lo que Canclini identifica como la compleja red que forma lo que se conoce como globalización. De manera que, el efecto tangencial de esta aplica al desplazamiento de humanos, empujados o halados a migrar como consecuencia directa de interacciones globales mucho más alejadas y mucho más poderosas que la interacción México-Centroamérica.

Por lo general, la dinámica en uno de los "laboratorios globales" que es la frontera sur de México, había sido invisibilizada o ignorada tanto por Centroamérica como por Norteamérica (México y EE. UU.). Así fue por lo menos hasta el año 2014 cuando por primera vez la cifra de inmigrantes centroamericanos que ingresaba a los Estados Unidos superaba a los inmigrantes mexicanos (Vox Borders). Asimismo, esta ola migratoria era diferente ya que la mayoría era menor de edad y viajaba sin compañía de un adulto[18]. No obstante, la invisibilidad o

17 Se alude al concepto de Mary Louise Pratt.

18 Recientemente, la migración centroamericana es un tema que ha acaparado las primeras planas de los medios debido a la separación de familias bajo la administración de Donald Trump y la caravana de migrantes centroamericanos caminando hacia Estados

superficialidad con la cual se aborda el tema continúa vigente. Entre los pocos estudios sobre el tema se destaca el trabajo periodístico realizado por Oscar Martínez,[19] cuya colección de crónicas *Los inmigrantes que no importan* (2010), es una fuente indispensable para dialogar sobre el tema. Sus crónicas son un testimonio de la violenta realidad del migrante centroamericano al cruzar por territorio mexicano. Es un reportaje crudo, a partir de la ira de un ciudadano centroamericano testigo de las injusticias a las que sus connacionales son sometidos. Martínez describe la intención de su entrega de crónicas, "como quien se succiona el labio cuando tiene una herida, aunque sabe que eso arde y hasta provoca algo de rabia. Y solo [espera] poder regalarles un poco de eso" (18). De ahí que el título de la compilación de crónicas sea oportuno, es sobre *los inmigrantes que no importan*, por la criminalización e invisibilidad global que se le otorga al inmigrante centroamericano.

Por su parte, el escritor mexicano Antonio Ortuño ha abordado de manera seria e innovadora el tema sobre los migrantes centroamericanos en su obra literaria: *La fila india* (2013).[20] Es destacable que una novela literaria mexicana encarne la violencia a la que se enfrentan los migrantes centroamericanos al cruzar México en su intento por llegar a Estados Unidos. En esta novela, no solo se lleva a cabo una crítica sociopolítica mordaz, sino que también se vislumbra un racismo crudo por parte del ciudadano mexicano que es cómplice en una lucha geopolítica sin trascendencia; mejor dicho, figurada ya que se resguardan y se disputan espejismos de fronteras porque, como se ha afirmado, los verdaderos poderes se encuentran en otros espacios. Ortuño es parte de la generación conocida como "la nueva narrativa mexicana", formada por escritores nacidos en los años 70.[21] Además de ser escritor, Ortuño es periodista, oficio que se ve reflejado en su obra literaria y particularmente en *La fila india*. Esta obra tiene por supuesto un enfoque literario, pero incluye varias facetas estructurales, de

---

Unidos. No obstante, se cuestiona la manipulación de esta más reciente movilización de centroamericanos como una estrategia para usarla como "cortina de humo".

19 Oscar Martínez es el creador de El Faro.net, reconocido como el primer periódico digital latinoamericano.

20 Cabe mencionar que, en este mismo año, Alejandro Hernández publicó *Amarás a Dios sobre todas las cosas*. Por su estilo estructuralmente linear, me parece diferente a los textos aquí analizados y por lo tanto no se incluirá en este estudio.

21 No obstante, en una pieza de la revista *Letras libres*, tanto Ortuño como el escritor Julián Herbert dialogan acerca de la fabricación del término por la industria editorial extranjera (en especial española) en un intento por crear un "nuevo boom" latinoamericano. Ver bibliografía para leer el artículo.

voces y temáticas. Además, esta narrativa continúa una tendencia entre la novela contemporánea de escribir sobre temas sociopolíticos que hace una generación no se plasmaban en la literatura, tal como es la violencia fratricida del mexicano hacia el centroamericano.

Por lo tanto, el presente trabajo se enfocará en señalar los distintos aspectos críticos de la novela: denunciar la violencia, el agravio y la complicidad del Estado mexicano por su falta de protección de los derechos humanos de los migrantes centroamericanos; captar lo esperpéntico[22] de los representantes gubernamentales; señalar el racismo como un hilo controlador del comportamiento del mexicano ante el migrante del sur percibido como ese "otro" que a su vez refleja al migrante mexicano;[23] con el fin de concientizar sobre la migración (centroamericana y mexicana) como un problema social y moral.

ENTRE LOS DICTÁMENES GUBERNAMENTALES Y LA CRÓNICA

El que no paga, no pasa.
Migrar por México tiene tarifa, y la cobran los Zetas

-Oscar Martínez

Para captar la amplia denuncia que hace la novela ante el grave problema de delincuencia organizada, es imprescindible detenerse en el género y estilo[24] de esta. Como tiende a ser el caso de la novela contemporánea, *La fila india* se distingue por estar compuesta de varios géneros literarios. Se trata de un texto híbrido que incluye características que van desde la crónica hasta la novela negra, cada género canalizado a denunciar la complicidad entre las variadas entidades sociales mexicanas. Por medio de un estilo fragmentado y una pluralidad de voces, se logra transmitir una crítica y un retrato de diferentes tipos de violencia contra la migración centroamericana al cruzar por México. La obra materializa nuevas narrativas y metáforas de "desgarramientos" y "fracturas" (García Canclini 11) que muestran la fragmentación causada por la globalización y poderes

22 Ortuño enfatiza lo grotesco de la personalidad y acciones de estos personajes que fungen como representantes gubernamentales.

23 Por ser uno de los pocos trabajos que analizan el tema, las crónicas de *Los inmigrantes que no importan* serán un apoyo fundamental para este análisis.

24 De aquí en adelante el título de la novela aparecerá como *La fila.*

neoliberales. A su vez, al incluir temas variados y problematizar su (des)unión, Ortuño provoca en su lector la incomodidad y herida a la que alude Martínez.[25]

Para empezar, algunas secciones de la novela son reportes gubernamentales que evocan el género de la crónica. La mayoría son reportes o comunicados escritos por funcionarios del gobierno de Santa Rita, lugar donde ocurre la trama. Estos aparecen en apartados titulados "versión oficial" y son casi idénticos entre sí, con excepción del lugar del acontecimiento. Todos comienzan con el mismo encabezado: "Ratifica CONAMI compromiso con la defensa de migrantes y voluntad de colaborar en indagatoria", entre otros detalles como, "asimismo, ratifica su compromiso inalterable de proteger y salvaguardar los derechos humanos de toda persona, especialmente las familias que transiten por territorio mexicano, al margen de su condición migratoria…" (25). Por su parte, las siglas CONAMI (Comisión Nacional de Migración) que podrían aludir al INM (Instituto Nacional de Migración), pero que también tienen resonancia a COMAR (Comisión Mexicana de Ayuda a Refugiados), creada para auxiliar al migrante y ofrecerle refugio o asilo político. El sitio en línea oficial del gobierno mexicano indica que COMAR "es el trámite mediante el cual una persona extranjera busca la protección del Gobierno de México para *no ser devuelto al país donde su vida, seguridad, libertad o integridad se encuentren en riesgo* (Comisión Mexicana de Ayuda a Refugiados, énfasis añadido). De aparente descargo de responsabilidad, en realidad los apartados de *La fila* son una denuncia a la ineptitud de las entidades gubernamentales, cuya obligación es salvaguardar los derechos y la vida de los inmigrantes que pisen territorio mexicano. Visto desde otro ángulo, los reportes de la CONAMI fungen como la historia "oficial" de los acontecimientos – como lo indica el título del apartado – los cuales chocan directamente con el resto de los segmentos que demuestran justamente lo contrario: no hay respeto ni mucho menos protección para el migrante centroamericano. Aquí empieza la mayor disyuntiva entre "lo oficial" y "lo real"; lo que el gobierno propone y oculta, y lo que el ciudadano centroamericano experimenta en realidad.

Estos reportes oficiales, más aptos para un artículo periodístico, ejemplifican la corrupción y el cinismo de los funcionarios dentro de los establecimientos gubernamentales. En una sección, el Licenciado Vidal Aguirre, encargado del

25 La metáfora de la "herida" evoca la "herida abierta" (*open wound*) de Anzaldúa: "The U.S.-Mexican border *es una herida abierta* where the Third World grates against the first and bleeds. And before a scab forms it hemorrhages again, in the lifeblood of two worlds merging to form a third country—a border country" (3). En este caso, son dos espacios tercermundistas, pero que al estar en una zona de contacto de igual manera se rozan y se hieren perpetuamente.

Departamento de Prensa, recibe el siguiente correo electrónico: "¿Qué te pareció nuestro boletín? Acá lo vemos serio y más oportuno. La prensa lo citó. Gracias por tu ayuda para elaborarlo. Eres el maestro en este negocio" (31), refiriéndose al "negocio" de estafar y ocultar la verdad. De esta manera, se derrumba cualquier sugerencia de solidaridad del Estado mexicano con el migrante centroamericano. Si se tiene en cuenta el contexto político de México en los años antes de la publicación de *La fila*, es un momento de reformas migratorias en México. La ley de migración fue promulgada por Felipe Calderón en 2011, entre sus muchas cláusulas, la principal dicta respetar los derechos humanos de todo migrante en territorio mexicano. Es por esta razón, que el sarcasmo de Ortuño es mucho más directo, puesto que mientras el Estado mexicano presumía un avance en las leyes migratorias del país, las extorsiones y los asesinatos aumentaban con el incremento de grupos delictivos.

A la vez, se incluyen detalles en la novela que sacuden al lector y lo fuerzan a tener una mirada amplia para entender la magnitud de corrupción y cinismo. Por ejemplo, aparece una imagen punzante, e igualmente macabra, en la descripción del primer albergue gubernamental llamado "Batalla de la Angostura", en cuyos carteles se lee, "Amigo migrante … aquí tienes derechos" (23), justo antes de que sea incendiado con migrantes dentro. Igual de significativo resulta el nombre del albergue, ya que la batalla de la angostura es el primer enfrentamiento entre México y Estados Unidos en 1847 donde se dice que ningún ejército ganó. Es casi como si Ortuño dejara pistas y señalara una batalla entre dos países cuyas leyes migratorias están matando a cientos de centroamericanos.

Por otro lado, se encuentran los grupos delictivos aprovechándose del migrante centroamericano. En su recorrido por el sur de México, Óscar Martínez entrevista a un preso de apodo Calambres. Al preguntarle el motivo por el cual los narcotraficantes y otros criminales se han volcado hacia los migrantes centroamericanos en el sur de México, su respuesta es contundente, "porque saben que esas personas van de *paso*, no causan daño; en cambio, si asaltan a alguien de aquí, saben que es un problema, te metes en un problema" (56, énfasis añadido). México es el lugar de "paso" para el centroamericano, para el migrante del triángulo del norte, es la segunda o tercera frontera. La frontera es un lugar de contrastes, militarizada en teoría para proteger, pero utilizada en realidad para extorsionar y/o asesinar al más vulnerable. Aunque no se puede negar la lógica retorcida en la respuesta de Calambres, es esencial mencionar la intervención de organizaciones delictivas como los zetas porque han creado un negocio lucrativo extorsionando a los coyotes y a los inmigrantes. Martínez investiga a esta banda y escribe sus indagaciones en una crónica titulada "Nosotros somos los zetas". No solamente examina los orígenes de este grupo delictivo encabezado por ex militares élites de México – además entrenados por la escuela de las Américas –[26]sino que también se percata de los tentáculos infinitos del grupo. Aparentemente es un cártel dedicado al narcotráfico, pero en realidad es una organización que abarca varios sectores de negocios ilícitos (desde la piratería hasta los secuestros). Por ejemplo, dice Martínez, los zetas se encuentran en "unas niñas que vendían refrescos, en unos policías, en un periodista, en unos delincuentes de las vías. En un pueblo con miedo..." (118), evidenciando la magnitud del problema y la impotencia de erradicar los ataques contra el migrante centroamericano.

Por su parte, Ortuño consigue vincular la complejidad, la dimensión y el involucramiento de distintos individuos y entidades en la red del crimen organizado que se ha volcado al migrante para lucrar. *La fila* replica esta situación incluyendo diferentes bandas que podrían ser las culpables de los ataques a los albergues provisionales donde se resguarda a los inmigrantes antes de ser repatriados: los Rojos, La Sur, Las Piolas. A lo largo de la novela hay una intervención de distintos personajes que no dejan claro para quién trabajan, mientras que siempre están claros los alcances de estos grupos. Igualmente, se ejemplifica la participación de todos, desde los más bajos hasta los más altos estratos sociales de Santa Rita; desde los porteros hasta los taxistas, todos trabajan para estos grupos o son colaboradores, de alguna manera, de ellos; "[t]odos saben. ¿Crees que alguien no sabe?" (215) confiesa Vidal cuando es confrontado por ser uno de los jefes de los criminales. Por otra parte, el estilo fragmentado y caleidoscópico de la novela también encapsula la imposibilidad de denominar a un individuo o una entidad como culpable. Este es un acto de todo un país, propone Ortuño, donde los ciudadanos son cómplices, explícita o implícitamente, consciente o inconscientemente, por miedo o por conveniencia.[27]

En *La fila* la acusación de complicidad queda deconstruida a través del reportaje que escribe Joel Luna – un periodista comprometido quien desaparece

---

26 La escuela de las Américas es ahora El Instituto del Hemisferio Occidental para la Cooperación en Seguridad, ubicado en Estados Unidos. En este lugar controversial se ha entrenado a soldados latinoamericanos con métodos de batalla y hasta métodos de tortura.

27 Hay un apartado, "Planes gubernamentales", dedicado a explicar la razón por la cual en Santa Rita siempre hay inundaciones durante la época de lluvias. Parecería fuera de lugar e irrelevante al resto de la novela, sin embargo, se vislumbra la corrupción gubernamental, el robo de fondos y la pasividad de la población al no exigirles a los gobernantes sus derechos como ciudadanos.

cuando está a punto de descubrir a los culpables – en el periódico sobre "los siete círculos del infierno mexicano":

> Primer círculo: serás robado por los polleros que te cruzan la frontera en el tren. A tu mujer deberán inyectarle sustancias anticonceptivas antes de abordar el vagón, porque la posibilidad de que sea violada es más alta que la de conseguir algo fresco para comer.
> Segundo círculo: deberás viajar en lo alto de un tren aferrándote como puedas (caer significa convertirte en unos de esos mochos que se quedaron sin dedos o piernas o brazos por quedarse dormidos…
> Tercer círculo: aunque has pagado para que se te proporcionen agua y comida, éstos te serán regateados o sencillamente no llegarán a tus manos en las cantidades mínimas requeridas. *Y cómo protestar si los encargados van armados y trabajan mano a mano con policías y agentes de la Conami.*
> Cuarto círculo: dado que los polleros, acabo de decir, van armados y trabajan de mutuo acuerdo con la policía y la Conami a lo largo y ancho de todo México, tú y tu culo… les pertenecen. Si protestas o escapas o si deciden secuestrarte y no tienes para el rescate, te perseguirán…
> Quinto círculo: Si lograste subir al tren y avanzar por el país sin necesidad de polleros, valiéndote de tus propios medios, deberás estar consciente de que ellos van armados y trabajan en connivencia, etcétera… Y te delatarán, perseguirán, tirotearán, secuestrarán…
> Sexto círculo: la ayuda con la que puedes contar en México se reduce a la de unos pocos curitas heroicos, cinco o seis oenegés más o menos inhábiles y la imprevista caridad de la gente de a pie… *Pero la experiencia indica que es más fácil que te socorra el integrante de un grupo radical del white power de Arizona a que lo haga un mexicano común y corriente, quizá no demasiado diferente de ti…*
> Séptimo círculo: incluso si conseguiste escapar de todos los depredadores y no mueres de hambre o sed, incluso si nadie te viola o golpea o amenaza o secuestra, tortura, tirotea y arroja a una zanja, aún debes planear la manera en la que entrarás a Estados Unidos, *porque los mismos mexicanos que han sembrado de espantos tu camino controlan todas las rutas de acceso.*
> Una vez allá, felicidades. Respira hondo: el horror ya corre por cuenta de los gringos. (85–7, énfasis añadido)

Aunque la anterior es una descripción gráfica y totalmente desmoralizadora, es realista en cuanto a enumerar los violentos obstáculos que podría enfrentar el migrante centroamericano. Es también, sin lugar a duda, una de las secciones en las cuales se delata abiertamente la complicidad entre los criminales y las instituciones gubernamentales. En estas acusaciones, el humor negro recalca la indiferencia, y por ende la complicidad, del ciudadano mexicano.

Para agravar la complicidad y violencia camuflada de vigilancia fronteriza, en 2014 Enrique Peña Nieto (presionado por Barack Obama) implementó un acuerdo migratorio, llamado Programa Frontera Sur que "tiene por propósitos: proteger y salvaguardar los derechos humanos de los migrantes que ingresan y transitan por México, y ordenar los cruces internacionales, para incrementar el desarrollo y la seguridad de la región" (Gobierno mexicano); nótese la similitud en las palabras usadas en esta descripción con las usadas en la descripción de los informes de la ficticia CONAMI. Aunque, nuevamente, una de las cláusulas principales es salvaguardar los derechos humanos y la seguridad del migrante, con el financiamiento provisto directamente por los Estados Unidos, México militarizó la frontera olvidándose completamente de los otros puntos humanitarios en el acuerdo. La implementación de dicho acuerdo aumentó la gravedad del problema, puesto que se construyeron puntos de revisión por las rutas más conocidas por donde transitaban los migrantes, donde también se encuentran localizados los amparos auspiciados por las iglesias u organizaciones sin fines de lucro. Al obstaculizar estas rutas, el gobierno mexicano obligó a los migrantes a buscar rutas alternas, más peligrosas, y algunas canalizadas hacia los zetas y otros grupos criminales. La mayoría de las organizaciones está de acuerdo en que esta iniciativa provocó más crímenes en contra de los centroamericanos y mayor impunidad (Vox Borders).

Además, según el documental "How the US Outsourced Border Security to Mexico" de la serie *Vox Borders*, a los centroamericanos detenidos por migración, no se les ofrece la posibilidad de buscar asilo político en México. Las cifras que aparecen indican que, de 119 714 detenidos por la autoridad fronteriza de México, solamente 460 recibieron asilo (es decir menos del 1 %). Es increíblemente irónico que bajo el Programa Frontera Sur se estipule como propósito proveer refugio político al migrante que corre peligro en su país de origen, sin embargo, no se le ofrece ni se le otorga.[28] Además, al comparar los números de niños deportados por México y Estados Unidos, el primero supera al segundo deportando 77 de cada 100 contra 3 de cada 10. Como arguye un entrevistado, "*US pays Mexico to do its dirty work*"[29]. No obstante, el Estado mexicano continúa haciendo un excelente trabajo en expulsar a sus vecinos o empujarlos a transitar rutas peligrosas en las cuales muchos desaparecen sin dejar huella. En *La fila*, la oscuridad a la que los migrantes son forzados por las autoridades son los albergues provisionales, los cuales son calcinados por los mismos funcionarios del gobierno ya que ellos eran los jefes de los polleros (coyotes) de donde los migrantes escaparon en primer lugar.

---

28 Mucho se estipula sobre la falta de deseo del migrante centroamericano por permanecer en México. No obstante, es el deber del Estado mexicano ofrecer la oportunidad de asilo político.

29 Traducción: EE. UU. le paga a México para llevar a cabo su trabajo sucio.

LA NEGRA: LA MUJER EN *LA FILA INDIA*

Para la mujer centroamericana el recorrido migratorio puede llegar a ser mucho más peligroso, ya que existe una alta posibilidad de ser violada y prostituida. En la crónica, "Las esclavas invisibles", Martínez confronta el caso de mujeres prostituidas en la frontera, la mayoría de procedencia centroamericana. Aunque ninguna de las entrevistadas lo confiesa, podrían ser víctimas de tráfico humano. Inclusive, estas mujeres pueden haber sido secuestradas/ esclavizadas al intentar cruzar hacia Estados Unidos. De esta manera, se introduce otra negra posibilidad al cruzar por México: caer en las redes de prostitución.

En *La fila* se les otorga el protagonismo a las mujeres a través de una vertiente de la novela negra. Las mujeres intentan y logran (en algunos casos) algún tipo de justicia, mientras los hombres son corruptos, racistas y permanecen en un rol machista. El hilo conductor del texto es la investigación para encontrar a los culpables de quemar los albergues de la CONAMI y de masacrar a decenas de centroamericanos. Una de las protagonistas en esta investigación es la socióloga Irma, encargada de repatriar a los migrantes sobrevivientes. No es casualidad que sea apodada la Negra, que por su color y género también sea marginada dentro de la institución gubernamental de Santa Rita. Los funcionarios, en especial Vidal, creen que es ingenua y por lo tanto será fácil manipularla. Sin embargo, su posición marginal la solidariza con Yein, la otra protagonista, una salvadoreña y sobreviviente de la masacre. Debido a su deseo de ayudarla, la Negra ata cabos sobre los acontecimientos ocurridos en Santa Rita hasta descubrir que los jefes y colaboradores de las bandas delictivas son funcionarios gubernamentales, con Vidal como cabecilla.

Es obvio el protagonismo y la agencia de Irma en la novela puesto que tiene el mayor número de apartados, además, estos están narrados en primera persona, todos bajo el título de Negra – o una referencia al apodo, "Negra, Negrita", "Sigue la Negra"; etc.– que pueden aludir a su apodo o indicar que es la sección detectivesca; poco a poco se transforma de socióloga a una detective de novela negra. Una mujer fuerte y perspicaz, desde su llegada a Santa Rita nota algo extraño en el comportamiento de los pobladores y en la actitud de sus superiores. Es la única que muestra una actitud crítica y de empatía ante los acontecimientos. Mientras el resto habla del caso como el de "los quemados o quemaditos", a ella le alarma la invisibilidad de la noticia del primer ataque contra el albergue de la CONAMI, "recorrí los cinco canales de televisión que se captaban. En ninguno se hablaba de la cuestión… o quizá el tiempo transcurrido, una semana, era suficiente para olvidar" (35). Al percibir el olvido y la indiferencia ante el sufrimiento de los migrantes centroamericanos, le entrega documentos confidenciales al periodista Joel Luna para que investigue los homicidios en Santa Rita.

Además, Irma tiene una personalidad rebelde que muestra desde el primer día en su trabajo, cuando Vidal le da ciertas pautas para entrevistar a los sobrevivientes, como preguntarle a la primera en pasar a ser entrevistada, "si el tatuaje en su brazo la demostraba afiliada a alguna pandilla en su país ..." (57). Tira el cuestionario ya que no va a propagar el estereotipo que un tatuaje sea señal de afiliación pandillera. Aunque al comienzo asegura decepcionada que su trabajo "consistía en repetirles a las víctimas las frases de consuelo que establecía el plan" (57), rápidamente se transforma en protectora de las víctimas, en especial de Yein. Cuando esta le confiesa que quiere vengarse de los que la violaron, asesinaron a su esposo y les hicieron daño a todos sus compañeros de viaje, Irma no le da "un discurso institucional invitándola a confiar en la investigación y el aparato de justicia" (68), no lo hace porque ella tampoco confía en el sistema. Por otra parte, de la misma manera en que Irma personifica la línea de la novela negra, Yein personifica las perspicacias de la migrante centroamericana. Al mismo tiempo, se invita al lector a transformarse en una especie de detective para recopilar detalles y extraer los significados de la novela después de juntar los fragmentos y discursos proveídos por las distintas voces narrativas.

A pesar de sus buenas intenciones, Irma escapa de México sin desenmascarar a los criminales, mientras que Yein asesina a varios de ellos quemándolos también. Vidal amenaza de muerte a Irma y a su hija, así que huye hacia Estados Unidos, convirtiéndose en migrante y refugiada ella misma. Hacia el final de la novela, al cruzar la frontera entre México y Estados Unidos, esta le contesta al agente de aduana ante la pregunta si el viaje es de placer con un rotundo "no", acción que esclarece la apertura de la novela, puesto que es exactamente igual (un apartado de dos líneas): "–¿Su viaje es de placer? –No" (13). No deja de ser irónico que la exfuncionaria logre escapar, mientras que la migrante centroamericana muera. Al respecto, Irma reflexiona, "entendí… que ya no dejaría de ser una extranjera. Ahora vivíamos la vida que Yein quiso para sí. Su exilio irreversible era el mío" (227). Consecuentemente, Yein es la verdadera heroína de la novela ya que se venga, aunque no de Vidal, y se sacrifica mientras que Irma logra establecerse en Vermont, "el lugar con menos mexicanos en todo Estados Unidos" (225), para evitar ser localizada. La única testigo y portadora de información, de la historia de Yein, decide callar y ocultar la verdad: "bastaba con no hablarles de Vidal para que mi neurosis se redujera. No necesitaba culpar a nadie más que al Delegado. O al resto del país" (225). Sin embargo, se convierte en una cómplice como el resto de los habitantes de Santa Rita (léase México) porque decide ocultar el nombre de Vidal, funcionario de gobierno y jefe de la banda delictiva El Sur. Al hacer esto, también invisibiliza la existencia de la propia Yein.

Por su parte en México, Vidal pone la maquinaria de corrupción a andar simplemente remplazando a los caídos. Así, se vislumbra uno de los significados del título de la novela. El que va al frente de la fila india en las instituciones gubernamentales es el líder, pero no el jefe. Una de las primeras insinuaciones de la falta de liderazgo del Delegado de Santa Rita, es decir que no era realmente el que estaba a cargo, es su descripción como un hombre, "desaliñado y tosijoso, cerraba la marcha. Un burócrata que no encabeza *la fila india* de sus acólitos es un burócrata condenado" (47, énfasis añadido). No tenía el carácter, pero tampoco entendía el protocolo y por lo tanto cometió errores que lo condujeron a su muerte. La descripción sobre la jerarquización del poder aun en el lenguaje corporal es minuciosa:

> […] a que no sabías o no habías notado que los funcionarios avanzan siempre en *fila india*, una fila india escalonada entre el punto a y el b y luego de regreso, y ejecutan movimientos que nadie en su mejor juicio se interesaría en probar: caminar tomados del brazo; saludar a la obligada multitud con el bíceps a medias flexionado y la palma volteada hacia el resto, como para mirarse en un espejo; palparse los antebrazos con manos amorosas, sonriendo, a la vez, al vacío. (64, énfasis añadido)

En esta minuciosa descripción, los movimientos de los funcionarios rebelan mucha información sobre su rol dentro de la maquinaria corrupta. A lo largo de la novela, el Delegado es descrito portando ropa grande, "como si todo le quedara grande", mientras que Vidal siempre está pulido, recto y vigilante. Por otro lado, la imagen del espejo es importante porque señalar directamente al narcicismo y "espejismo" de los mandatarios.

Al remplazar al Delegado de Santa Rita, Vidal le explica el protocolo al nuevo, "cuando hagamos la visita al nuevo albergue. Tú irás al frente, solo, nadie puede caminar a tu lado. Caminamos en *fila india*. El único que se acerca para preguntar o explicarte soy yo. Los demás caminan detrás, por niveles" (223, énfasis añadido), creando de esta manera una cortina de humo porque el que manda y maneja ambas instituciones (la CONAMI y la Sur) es Vidal y no el jefe colocado por el gobierno. Nuevamente, se presenta un retrato perturbadoramente realista de las funciones institucionales y mandatarios mexicanos.

Aunque en una entrevista, Ortuño señaló que el título se le ocurrió por la fila india que se hace para cualquier trámite burocrático y a la línea interminable de centroamericanos tratando de cruzar a Estados Unidos, asimismo, el concepto de la fila india se extiende a la función y colocación de los países dentro de la globalización en la cual existe un orden de poderes, que a su vez han sido conferidos por un poder mayor diseminado en diferentes espacios. Por lo tanto, en la vigilancia de la frontera sur, México no es el líder, sino que es la cabeza de la fila india por posicionamiento geográfico para proteger a los Estados Unidos de que un mayor número de inmigrantes centroamericanos ingresen al país. A su vez, Centroamérica está en un lugar secundario en la fila india y por lo tanto tiene poca importancia y poco poder para exigir un cambio en el maltrato de sus ciudadanos.[30]

Por otra parte, no se puede ignorar la resonancia que el título de la novela tiene con la colonización, ya que antes de la llegada de los españoles al continente americano, los indígenas solían caminar por zonas donde no había senderos (o por donde se hacía el sendero por primera vez) en fila, con los líderes o caciques al frente guiando. Al llegar, los españoles nombraban esta manera de lineación, fila india. Se podría trazar una línea poscolonialista para estudiar la novela. Sin embargo, esa línea poscolonial ha cambiado a una de globalización que en el caso de Latinoamérica enmascara un imperialismo estadounidense. Mientras que en la época precolombina se respetaba el orden de la fila india, se confiaba en el que guiaba, ahora se manipula el orden y la fila es un espejismo porque no se sabe quién guía y hacia dónde; basta con recordar la función de algunos países en relación a Estados Unidos: México se ha transformado en guardián de la frontera sur; Honduras se ha transformado en el vertedero de las pandillas estadounidenses; El Salvador se ha convertido en una extensión de los migrantes salvadoreños en EEUU – se utiliza la misma moneda y en el imaginario nacional existe un departamento quince para los migrantes en Estados Unidos.

LAS INTRAHISTORIAS DEL DISCURSO NACIONAL

El resto de los apartados de *La fila* son reflexiones del Biempensante (sic.) – representado por el exesposo de Irma – o que llevan en el título una referencia al Biempensante (por ejemplo, "Biempensantes", "Biempensamientos" o "Tan Biempensante") – incluyendo observaciones de otros individuos con quienes interactúa. La novela les arrebata el protagonismo a las historias oficiales sobre el tema, para enfocarse en las historias del ciudadano mexicano afectado o involucrado en la trayectoria del migrante centroamericano. Estas historias, por su parte, representan el microcosmos de la situación del país ya que la trama ocurre en un lugar apartado del sur de México llamado Santa Rita por donde pasa el tren mejor conocido como la Bestia.

30 De hecho, los países del triángulo norte de Centroamérica apoyan la migración porque cuentan con las remesas de estos migrantes para solventar sus propias economías.

En las intrahistorias[31] del lado mexicano se muestra la complicidad del ciudadano común cuya reacción parece tomar dos posiciones: indiferencia o racismo hacia el centroamericano. En una conversación sobre la migración centroamericana, se hacen las siguientes observaciones:

> [...] no somos gringos, pues. Pero tampoco somos como ellos, como los centroamericanos... Por eso la policía les pide, a quienes encuentra por la calle, que canten el himno nacional, que reciten los nombres de los Niños Héroes. Porque luego no es tan sencillo distinguir a un pendejo que vino en tren de San Salvador de uno que nació en Tuxtla. ¿Y tú los distingues? Silencio, porque no conviene decirlo. (52–3)

Ortuño sugiere que el racismo infundado del mexicano hacia el centroamericano contribuye enormemente a la invisibilidad o al ataque (que puede ser físico o verbal) del centroamericano en México. No hay diferencia fisonómica entre el mexicano y el centroamericano, es un nacionalismo irracional el que mueve al mexicano a marcar diferencias. El historiador Francisco Navarrete explora esta "racialización" de la siguiente manera:

> ... es importante que distingamos las formas de discriminación y segregación que existen en nuestras sociedades de los cuerpos de las personas donde insistimos en anclarlas. No hay que olvidar que la pobreza y la injusticia son 'racializadas' cuando las asociamos con un color de piel y un aspecto físico, pero nunca son realmente raciales, porque no son inherentes a quienes las padecen y menos aun son su culpa, por una supuesta incapacidad o inferioridad. (46)

Aparte de la indiferencia de las autoridades, Ortuño es muy claro al señalar el rol tan decisivo que juega el prejuicio racial del mexicano – inclusive el prejuicio entre compatriotas – ante el grave problema de migración por el hecho de percibir al "otro" como inferior y por lo tanto, no ser digno de respeto y mucho menos de ayuda.

Por otro lado, *La fila* retrata la perturbadora inhibición empática del humano que se entremezcla con un patriotismo retorcido. Ayuda traer a la discusión el concepto de comunidad imaginada de Benedict Anderson, quien asevera que el nacionalismo es un concepto imaginado por los individuos que se sienten parte de una nación, pero no deja de ser una construcción social para defender límites geográficos y paralelamente enfatizar las diferencias y la otredad imaginarias también. Por lo tanto, el patriotismo del biempensante resulta incoherente si pensamos que las fronteras entre México y Centroamérica, los límites de nación,

---

31 Aquí se alude al concepto de Miguel de Unamuno para referirse a las microhistorias de la gente común en su cotidianeidad como la sustancia para entender el país.

son imaginados. En la novela el pueblo, el ciudadano común, lo utiliza para abusar o discriminar al migrante centroamericano.

No es casualidad que el Biempensante viva al lado de los ferrocarriles del tren, dado que representa una de las intrahistorias de la población que vive en los espacios de paso del migrante centroamericano. Él también advierte la oportunidad de aprovecharse, advierte la necesidad de una migrante hondureña anónima y comienza abusando de ellas en cuestiones laborales. Desde la primera interacción, él la deshumaniza al servirle agua "en un cacharro metálico que utilizó para calentar las sopas de lata. No quiero sus labios de lagartija en la orilla de mis vasos" (136). Después le da de comer al perro, pero a ella no, aunque percibe su hambre. Al hacer esto, inesperadamente comenta, "miro el reloj de mi padre, con su banderita nacional, mexicanos al grito de guerra… el acero aprestad y el bridón" (137). Esta interrupción sugiere un nacionalismo representado por símbolos patrióticos (como lo son las líneas de la letra del himno nacional). Este es, sin embargo, un nacionalismo arraigado en el racismo que pone al Biempensante en alerta en lugar de sentir empatía por otro ser humano. Asimismo, este episodio se conecta al comentario anterior sobre la manera de diferenciar entre un mexicano y un centroamericano por medio del himno nacional. Estos símbolos vuelven a hacerse presentes cuando el individuo está en la disyuntiva entre ayudar al ser humano en necesidad o condenarlo por ser extranjero.

La situación se agrava cuando el Biempensante convierte a la mujer hondureña en su esclava sexual; aunque él está convencido que ella lo disfruta y está mejor; en realidad ella es pasiva para mantenerse a salvo. Sorpresivamente, la migrante logra escapar de su captor, ingresa a Estados Unidos (no se sabe cómo), no sin antes haberse robado ese reloj de la banderita mexicana que tanto apreciaba el Biempensante. La novela finaliza con las reflexiones de Irma sobre su nueva identidad como extranjera en los Estados Unidos, cuando de repente su hija le alerta:

> […] levanta el dedo para señalar… La chica, flaca, orgullosa ante nuestras miradas, desfiló faroleando su corte nuevo. Se me nubló la vista. La niña la observó alejarse. Luego, cuando la perdió de vista, se me acercó al oído:
>
> —Llevaba *el reloj de banderita* de mi papá. (228, énfasis añadido)

Inesperadamente, Irma se topa con otra sobreviviente que ha logrado traspasar la frontera de Estados Unidos. No obstante, el hecho de que porte el reloj de su captor es significativo (aunque no deja de ser perturbador). Por una parte, es un símbolo de triunfo, logró escapar y le robó su objeto más apreciado a su violador. Pero, por otra parte, representa el robo de un símbolo nacional que causa daño al extranjero. Es el mensaje subliminal que ofrece Ortuño al señalar el daño que ha hecho esa división de países y creación de nacionalismos que apoyan la opresión del "otro", al que se ha anclado a un espacio de no ser. Al portar el reloj de la banderita mexicana, la migrante hondureña (cor)rompe el nacionalismo y patriarcado mexicano. Asimismo, al trasladar el reloj a otro país y espacio, pierde el valor patriarcal para convertirse en símbolo de triunfo. El reloj recupera su función, al igual que, la inmigrante hondureña recupera de alguna manera su humanidad al cruzar una frontera. En Estados Unidos tanto ella como Irma son inmigrantes latinas, ya no las distancia su nacionalidad, sino que las hermana.

CONCLUSIÓN

Por otra parte, el comienzo y final idénticos hacen pensar en la imagen del espejo y el reflejo invertido que este proyecta. La metáfora es antigua, la literatura es como un espejo que captura la realidad humana. *La fila* no es solamente la proyección de un aspecto de la realidad, sino que el abuso y racismo que sufre el migrante centroamericano también refleja lo que ocurre con el migrante mexicano en Estados Unidos. En los capítulos del "biempensante" se crea, varias veces, este paralelismo, tal como ocurre en la siguiente cita: "¿Crees que todos son modosos y honestos, pobrecitos?… Los he visto con la cara manchada entera. No quieres a uno de esos… a menos de quince kilómetros de tu casa, tu mujer, tu hija. Necesitas un muro de escopetas entre ellos y tu puerta. Exactamente eso leí que decía un texano sobre nosotros [los mexicanos]" (53–4). De modo que, la plurivalencia y cacofonía de voces fungen un enorme esfuerzo de Ortuño por manifestar la inmensa maraña de redes que operan para evitar que el cruce del inmigrante centroamericano por México sea fácil (mucho menos seguro). Al contar las intrahistorias de los distintos personajes se puede hilvanar el microcosmos que muestra el problema migratorio entre México y Centroamérica, que también es el mismo entre México y Estados Unidos. Por lo tanto, las historias de migración y de globalización están en los intersticios[32] por donde pasan, se ocultan, o se desaparecen a los migrantes centroamericanos y mexicanos. Es en estos huecos en los espacios geográficos, nacionales, políticos y sicológicos en donde se guarda la memoria de circunstancias que raramente se podrán contar. La situación de la migración centroamericana necesita ser contada y debemos agradecer a Antonio Ortuño por llevar a cabo esta terrible carga porque no es fácil criticar y señalar la violencia que lleva el propio país.

32 Gloria Anzaldúa define "intersticios" como, "the spaces between the different worlds [the new mestiza] inhabits" (20)

Para finalizar, sería injusto no mencionar las organizaciones y a personas que han dedicado su vida a ayudar y defender al migrante centroamericano. Uno de los grupos más reconocidos es el de "las patronas", un grupo de mujeres de La Patrona, Veracruz, quienes proveen a los migrantes con víveres que ellas mismas les preparan y lanzan a los que viajan encima de la Bestia. Otro personaje muy reconocido es el sacerdote Alejandro Solalinde, quien tiene un albergue llamado "Hermanos en el camino" en Oaxaca. Estos individuos contrarrestan la imagen tan negativa que se tiene del trato mexicano hacia su conciudadano centroamericano. Aunque el gobierno o Estado insiste en reprimir el movimiento de migrantes centroamericanos como parte de una maquinaria global, existen intersticios que no son controlados y pueden auxiliar al migrante. Su función también contribuye a otra narración y metáfora sobre el migrante centroamericano.

Bibliografía

Anderson, Benedict. *Imagined Communities: Reflections on the Origins and Spread of Nationalism*. London: Verso, 1984

Anzaldúa, Gloria. *Borderlands/ La Frontera: The New Mestiza*. San Francisco: aunt lute books, 1987.

Chamber, Iain. *Migrancy, Culture, Identity*. Nueva York: Routledge, 1994.

Erazo, Adrienne. "Nasty Women: The Politics of Female Identity in Antonio Ortuño's *La fila india*." *México Interdisciplinario/ Interdisciplinary Mexico* no.13, January 2018, 99–112.

García Canclini, Néstor. *La globalización imaginada*. Buenos Aires: Paidós, 1999.

García Canclini, Néstor. *Latinoamericanos buscando lugar en este siglo*. Buenos Aires: Paidós, 2002.

Martínez, Óscar. *Los migrantes que no importan*. México: Surplus ediciones, 2010.

Martínez, Óscar. *Una historia de violencia: vivir y morir en Centroamérica*. México: Penguin Random House Grupo Editorial, 2016.

Navarrete, Federico. *México racista: una denuncia*. México: Grijaldo, 2016.

Ortuño, Antonio. *La fila india*. México: Hotel de las letras, 2013.

Ortuño, Antonio y Julián Herbert. "Escribir aquí y ahora." *Letras Libres*, 9 Agosto. 2014, https://www.letraslibres.com/mexico/escribir-aqui-y-ahora.

"Periodista salvadoreño Óscar Martínez: El verbo ya no es migrar, es huir." *EFE*, 21 Nov. 2016, https://www.efe.com/efe/usa/cultura/periodista-salvadoreno-oscar-martinez-el-verbo-ya-no-es-migrar-huir/50000109-3103402.

Pratt, Mary Louis. *Imperial Eyes: Travel Writing and Transculturation*. Londres: Routledge, 1992.

Rodríguez, Emma. "Antonio Ortuño: la vida del escritor suele ser, por lo general, patética." *Lecturas sumergidas*, issue 39 Mayo-Junio 2017, https://lecturassumergidas.com/2017/06/27/entrevista_antonio_ortuno/.

"Mexico/ Guatemala: How the US Outsourced Border Security to Mexico," *Vox Media*, 21 Nov. 2017, https://www.vox.com/a/borders/mexico-guatemala.

Capítulo 5

Gabriela Valenzuela Navarrete

Hipsters y *millenials*: la realidad laboral en el mundo globalizado en *Hipsteria*, de Ricardo Garza Lau

INTRODUCCIÓN

En el capítulo dedicado a los escritores y los críticos en el libro *Sociología de la literatura*, György Lukács afirmaba que uno de los grandes problemas de la literatura capitalista era su falta de compromiso con las grandes causas, compromiso que se había perdido entre las discusiones del "arte por el arte" y las "modas de los talleres literarios". Para ese momento, el realismo como corriente literaria empezaba a perder impulso frente a la experimentación de las vanguardias, que se separaban radicalmente de la idea de que la literatura debía recrear la realidad social para denunciar sus injusticias. Desde ese entonces y hasta nuestros días, cuando un autor quiere hacer una crítica a su sociedad, esta suele aparecer escondida en sus obras, disfrazada en la realidad recreada que viven sus personajes. Más todavía, algo que en la actualidad complica todavía más esa observación de la realidad es que, hoy en día, resulta muy difícil definir qué es la realidad: en el mundo en el que vivimos, parece que esta se divide en dos, la realidad "de la vida real" y la realidad virtual, la que construimos en nuestros perfiles virtuales y que se construye a través de la información que circula en los medios digitales. En 1968, Joseph C. R. Licklider, informático estadounidense que fue creador de una de las primeras redes computacionales que darían origen a Internet, predijo que en unos años el hombre sería capaz de comunicarse en forma más efectiva a través de una máquina que cara a cara. Las redes sociales, los servicios de mensajería y el mismo correo electrónico corroboran esa predicción.

La primera novela de Ricardo Garza Lau, *Hipsteria*, coquetea con la intención de hacer una crítica directa a la nueva "especie" de habitante de las grandes urbes que vive en esta realidad dividida: los *hipsters*, jóvenes de 20 a 30 años, nacidos en un mundo digitalizado, que suelen vivir en zonas de moda, tienen empleos que los hacen parecer muy exitosos, sobre todo en sus perfiles de redes sociales, y creen que se ocupan de los grandes problemas del mundo porque defienden el planeta desde la comodidad de sus *laptops*. Sal Thompson, el protagonista de *Hipsteria*, podría estar en la cima del éxito: publicista de renombre a pesar de no tener ni 30 años, atractivo para mujeres hermosas, vecino de la colonia más cotizada de la capital… en suma, la perfecta imagen de un joven triunfador en la economía neoliberal. Sin embargo, hay mucho que ver debajo de esa imagen exitosa: el miedo a la discriminación, la necesidad de aparentar y encajar en ciertos estilos de vida, las condiciones de los trabajos actuales, la corrupción en las elecciones presidenciales y otros temas de absoluta seriedad, que, en la pluma de Garza Lau, se deslizan entre descripciones chuscas y alusiones muy directas a personajes, eventos y lugares de la ciudad.

En esta ocasión, analizaré los recursos con los que Garza Lau critica ese sistema de vida, en especial el de la parodia. Para estudiarla, utilizaré los postulados de Gérard Genette sobre la parodia como forma de intertextualidad, los de Linda Hutcheon y los de Simon Dentith, que, en su libro *Parody (The New Critical Idiom)*, define la parodia como "cualquier práctica cultural que provee una imitación alusiva relativamente polémica de otro producto o práctica cultural" (19). La manera de Garza Lau de analizar a la sociedad globalizada de la Ciudad de México a través de la parodia, evidenciando sus mayores defectos, me lleva a cuestionarme si este tipo de parodia que trabaja como imitación alusiva no es, en cierta manera, una nueva forma del realismo literario del siglo XIX que buscaba dar un testimonio fiel de los defectos de la sociedad de aquella época, transformado por esa característica "capitalista" que señalaba Lukács de no comprometerse con las causas sociales, so pena de convertirse entonces en una literatura panfletaria.

LA NARRATIVA MEXICANA EN LA ÉPOCA DE LA GLOBALIZACIÓN

"En gran medida el lugar común latinoamericano identifica la globalización cultural con los centros de poder de la comunicación y con el triunfo de la industria del espectáculo", afirmó Carlos Monsiváis en una conferencia impartida en Venezuela en 2004, titulada precisamente "Globalización y cultura". Evidentemente, en la época de la globalización, la antigua noción del Occidente como centro de cultura se movió de Europa a la potencia mundial del siglo XX: los Estados Unidos, que es, como dice Monsiváis, sinónimo de centros de poder y del espectáculo. Desde que México decidió unirse a la ola avasalladora de la globalización mundial con la firma del Acuerdo General sobre Aranceles y Comercio (GATT) a principios de los ochenta, dejamos de percibir a las urbes europeas como el ideal, y empezamos a mirar hacia modelos americanos del tipo Chicago o Nueva

York como los ideales de vida: ciudades de enormes rascacielos, de departamentos equipados con las últimas novedades tecnológicas, de centros comerciales inmensos, lugares con acceso a todo tipo de ofertas laborales y culturales... La imagen que tenemos de estos centros urbanos simboliza claramente la tendencia económico-política del siglo XXI: estamos hablando de un mundo globalizado, de la bien llamada "aldea global" (en términos de McLuhan), la "economía global", el "sistema-mundo", el "*shopping center* global", la "Disneylandia global", el "tecnocosmos" o simplemente el "planeta Tierra" (Ianni 5), un mundo "ideal" en el que los ciudadanos de cualquier país tienen acceso a las mismas cosas y a las mismas oportunidades. "Ideal" entre comillas, por supuesto, pues, como bien dice Néstor García Canclini, en su libro *La globalización imaginada*:

> No es cierto mucho de lo que se dice sobre la globalización. Por ejemplo, que uniforma a todo el mundo. Ni siquiera ha conseguido que exista una sola definición de lo que significa globalizarse, ni que nos pongamos de acuerdo sobre el momento histórico en que comenzó, ni sobre su capacidad de reorganizar o descomponer el orden social. (García Canclini 45)

Tal vez, el mayor problema de la globalización no radica solo en el hecho de que no tengamos una definición única para ella, sino que en el camino se pierda de vista todo lo que implica: competencia económica, laboral, ajustes en las legislaciones nacionales con las consecuentes pérdidas de soberanía en muchas ocasiones reclamadas, y eso sin contar con la estandarización de la cultura que se ha dado en los últimos años a causa de lo que Alessandro Baricco llama la "colonización cultural" por parte de los Estados Unidos: "La globalización implicaría un flujo circular de dinero y de productos", dice en su libro *Next. Sobre la globalización y el mundo que viene.* "Pero, si tomamos como ejemplo el cine, las cosas están así: el mundo ve las películas americanas, los americanos no ven las películas del resto del mundo" (23–24).

¿Por qué, entonces, el mundo entero parece seguir inmerso en la corriente de la globalización sin hacer el más mínimo intento por frenar este nuevo embate colonizador? Baricco aventura una respuesta con la que no es difícil estar de acuerdo:

> Lo que ocurre es que gran parte de Occidente se ha enamorado de una idea (la globalización) y, con regularidad, relega el recuerdo del precio que habría que pagar para conseguirla. Es comprensible. La globalización, si es real, efectivamente produce riqueza, modernidad y paz: objetivamente hay bastante con eso como para olvidarse de lo que, con exquisito eufemismo, algunos definieron, en los días de Génova, como "los inconvenientes". El inconveniente es que ese mundo – más rico, más moderno, casi completamente pacífico – sería un campo abierto regulado por la ley del más fuerte. (Baricco 49–50)

Ese mundo regulado por la ley de la selva es al que se enfrentan los escritores nacidos en las últimas décadas del siglo XX, en el que llevan a cabo su ejercicio escritural y el que, en mayor o menor medida, se refleja en su obra a través de los temas que tratan, los escenarios en los que se sitúan o las referencias que hacen a cosas que se han convertido en una especie de símbolos de la globalización, como las marcas comerciales o los personajes de las películas gringas. En pocas palabras, no importa ya si el escritor es mexicano, español o chino, muy posiblemente veremos que se acercan a temas similares (la migración, la soledad, el amor, el desencanto…), mencionan a los mismos personajes (los de *La Guerra de las Galaxias* son amplios favoritos, lo mismo que Batman, Superman o algún otro superhéroe), se pasean por los mismos lugares (Nueva York, las Bahamas o cualquier ciudad de Europa, aunque nunca hayan estado en ellas), o "consumen" las mismas cosas (Coca-cola, McDonalds y el tequila…), y eso gracias a las enormes posibilidades de acceso a todo tipo de información que Internet ha traído consigo para las generaciones que, hoy en día, ya ni siquiera supieron lo que era escribir en máquina y no en computadora.

A pesar de que el reproche del crítico ruso sobre la falta de compromiso, con el que abrimos este ensayo, se dirigía a los autores de su país de principios del siglo XX, parecería apropiado también para las generaciones de escritores más recientes en muchos otros países. Simplemente, por enfocarnos en el caso de México, no han sido pocas las voces que señalan, una y otra vez, la falta de compromiso de los autores jóvenes con respecto de la situación política y económica del país. Por ejemplo, Jaime Mesa, en su artículo "La Generación Inexistente", afirma que los de los setenta son escritores libres, sin batallas ideológicas ni culpas que los atormenten. "Somos", dice, "los primeros de los cuales se ha dicho que su literatura, sus temas, podrían haber sido escritos igual por un ucraniano, que un senegalés, que un mexicano, que un francés. Nos han dicho, por eso, escritores de 'traducción Anagrama'" (Mesa).

Por el mismo tenor iban las palabras de Tryno Maldonado en el prólogo a su antología *Grandes Hits Vol. 1. Nueva generación de narradores mexicanos* (2008) cuando describe a sus coetáneos:

> A la que pertenecen los autores de esta antología es una generación llena de desencanto, que se pertrecha en el cinismo y en la indiferencia para evitar volver a ser defraudada, que ya no cree en nada porque toda su vida ha transcurrido en el engaño. Una generación a quien su país ha criado a base de grandes dosis de promesas incumplidas, una mayor que la otra, como una broma que no tiene fin. Se les prometió un orden social justo luego de una revolución que paradójicamente terminó por dar a luz al partido político que gobernó durante más de siete décadas. Se les prometieron las virtudes lenitivas y purificadoras del neoliberalismo, del primer mundo y de un orden global, que

> los harían verse un poco más *fashion*, más bonitos y menos sucios. Pero de eso nada. Se les prometió más recientemente al fin una democracia y una sucesión en el poder. Pero sobre eso, tampoco han visto muy claro aún. (p. 12)

Cualquiera que se acerque un poco a la historia reciente de México en materia de política y economía puede entender fácilmente la razón del desencanto de todas las generaciones nacidas después de la década de los setenta: las crisis económicas se suceden en cada sexenio, la democracia es cuestionada en cada elección, las expectativas de una mejor calidad de vida son prácticamente nulas y eso por no mencionar los niveles de violencia imparables: el crimen y el narcotráfico parecen tener denominación de origen y ser lo más reconocible de nuestro país en el extranjero.

Tal vez, son los temas, los que más pueden diferenciar a los autores nacidos en la época de la globalización de sus padres y hermanos mayores: casi todos terminan por alejarse de lo nacional para sumergirse en los grandes temas globales del siglo XXI como la migración, los contrastes, el consumo, la guerra (Estados Unidos como el símbolo por excelencia), la identidad como un problema… lo "Glocal", como lo llama Heriberto Yépez siguiendo el término acuñado por Roland Robertson, entendida la "glocalización" como las transformaciones mediante las cuales las culturas locales adaptan y redefinen los productos de la cultura global (económicos, políticos o culturales) para ajustarlos a sus necesidades, creencias y costumbres particulares, como veremos más adelante en los ejemplos de la novela. El término "glocal" podría aplicarse a fenómenos culturales o sociales, como la migración o la popularización de temas musicales, que salen de los países de origen para extenderse a regiones más amplias, pero sin perder, hasta cierto punto, su carácter nacional: es pues la internacionalización de lo local. Esta internacionalización tiene un doble filo: aquello que parecería específico de un país o una región resulta ser compartido por muchos otros. Por eso, Jaime Mesa afirmaba, hace ya varios años, que la literatura de la primera década del siglo XXI es "un amasijo multitemático que aparentemente no tiene cohesión" (Mesa).

HIPSTERS Y MILLENNIALS: LOS NUEVOS HABITANTES DE LAS CIUDADES

Junto con las ciudades globalizadas, aparecieron también los habitantes con los que hoy las identificamos mayormente: la generación Y, también llamados *millennials*, jóvenes nacidos a partir de la segunda parte de la década de los ochenta y en los noventa, que llegaron al mundo cuando los tratados comerciales entre naciones ya eran práctica común y, además, empezaba la carrera tecnológica que seguimos presenciando hoy en día. Viven hiperconectados y su identidad se construye con base en las redes sociales, como los presenta el narrador de *Hipsteria* al referirse a los futuros colaboradores de Sal Thompson:

> El área de Recursos Humanos sobrevivía rebasada por la necesidad de nuevos empleados, aunque no era tan complicado encontrarlos, la mayoría de las adquisiciones eran recién egresados que debían cumplir con cuatro requisitos: tener una cuenta en Facebook, ser usuarios de Twitter con más de 500 seguidores, buena ortografía y redacción, y—más importante que los tres anteriores—tener «onda». Este ambiguo término se refería a que los aspirantes debían usar ciertos dispositivos tecnológicos, leer diarios específicos, poder comentar sobre libros o campañas publicitarias y admirar a marcas como Google o Apple, entre otros. (Garza, pos. 250–252)

La juventud de los *millennials* llegó con el cambio de siglo, pero su actitud aún genera dudas: muchos los acusan de ser individualistas, poco comprometidos, egoístas e informales, como es el protagonista de *Hipsteria*, quien no respeta ni siquiera a sus colaboradores más cercanos:

> Regina Gutiérrez y Alejandro García se adaptaron velozmente a Nodo y a su jefe. Desarrollaron su potencial y se sentían satisfechos por la cantidad de seguidores en Twitter que @sal_thomson les dirigía al tuitear las experiencias chuscas de la oficina en las que ellos estaban involucrados. Resultó una especie de compensación por el bajo sueldo y el descarado hurto de sus ideas. Los invitaba a desayunar, mientras comían escuchaba las ocurrencias que ellos tenían para alguna campaña y luego las presentaba como si él fuera el único autor. Ellos no se percataban, pues regresaba diciendo que los directores de Nodo mandaban felicitarlos por sus extraordinarias aportaciones. Thomson entendía que los empleados de su generación buscan reconocimiento inmediato y creía que una falsa palmada en la espalda era más que suficiente para mantenerlos motivados. Con el paso de los meses y los años Sal comenzó a llegar tarde a la oficina, irse temprano o fingir enfermedades que eran simplemente resaca. No le preocupaba, sus dos muchachos se encargaban de sacar adelante los pendientes. En cuanto percibía que podían respingar por la explotación, acudía con sólidos argumentos al director colombiano y lograba que aumentaran el salario de ambos un máximo de cinco por ciento. (Garza, pos. 1110–1120)

En este ejemplo, no solo podemos ver la actitud que el grueso del público identifica con los *millennials*, sino que también podemos empezar a ver que no todo lo que brilla es oro y su posición en la vida no es tan sólida como su aparente éxito pudiera hacer pensar. Un mundo que también apareció en el panorama de las carreras surgidas de las nuevas demandas del mundo globalizado es el de la publicidad. Aunque evidentemente ya se hacía publicidad desde hace mucho tiempo, las grandes agencias no surgieron sino hasta que las trasnacionales necesitaron campañas adecuadas para los países a los que llegaban con sus productos, y ahí encontraron a los socios ideales: los *millennials*, que podían llegarle a sus contemporáneos, quizá el segmento de consumo más alto por edades, a través de los medios apropiados, aunque las intenciones de los publicistas no fueran en realidad las más puras:

> Sal tenía apenas 25 años y ya recibía un pago quincenal que sus compañeros universitarios dedicados al periodismo o al cine verían hasta que se convirtieran en socios del medio para el que laboraban. Thomson comprendía que el marketing digital era la disciplina encargada de timar y exprimir dinero a los viejos millonarios que poco sabían de internet. Entendía que en la publicidad sólo sobreviven quienes dicen mentiras y se las creen y hacen que los demás las crean también. Sal Thomson encarnaba el éxito precoz. (Garza, pos. 256–260)

Estos ejemplos harían parecer muy mal, sin duda, a esta generación; sin embargo, Neil Howe y William Strauss tienen una opinión distinta sobre ellos en su libro *Millennials Rising: The Next Great Generation*:

> As a group, Millennials are unlike any other youth generation in living memory. They are more numerous, more affluent, better educated, and more ethnically diverse. More important, they are beginning to manifest a wide array of positive social habits that older Americans no longer associate with youth, including a new focus on teamwork, achievement, modesty, and good conduct. Only a few years from now, this can-do youth revolution will overwhelm the cynics and pessimists. Over the next decade, the Millennial Generation will entirely recast the image of youth from downbeat and alienated to upbeat and engaged—with potentially seismic consequences for America. (Pos. 79–83)

Un claro ejemplo de cómo esta generación le dio la vuelta al pesimismo y la abulia que caracterizaba a la anterior, la Generación X, está en el nacimiento de la subcultura que le da nombre a la novela de Ricardo Garza Lau: los hípsters.

En su libro *The Hipster Effect: how the rising tide of individuality is changing everything we know about life, work and the pursuit of happiness*, Sophy Bot explica dónde y cuándo nació el movimiento hípster:

> The time: July 2007.
> The place: A sewing factory-turned-squat house-turned-loft building in the far reaches of Bushwick, Brooklyn, home to 100+ artists and creative types too poor to live in either Manhattan or nearby Williamsburg.
> The idea: Find a group of investors to purchase the building, allowing the artist residents to live and work within the space at below market rates. In other words, "to secede from Brooklyn in protest of 'destructive economic forces.'"
> The people: Call them hipsters. Everybody else did. (Pos. 50–57)

A pesar de que la idea que se tiene en general de los hípsters es casi la misma que la de los *millennials* (y sin duda comparten, por ejemplo, el amor por la tecnología), hay algunos puntos en los que difieren y que son los que caracterizan a los primeros: el gusto por los productos orgánicos, artesanales, del comercio justo y de empresas con causa social, además de la preocupación por la ecología, que incluye el amor desmedido por los animales, el uso de la bicicleta por encima de los autos, el cuidado del medio ambiente y la cultura del reciclaje, al transformar muebles y materiales viejos en eso que hoy pomposamente se llama "estilo vintage". Ya desde las primeras páginas de *Hipsteria* podemos tener claro el retrato del protagonista como un hípster de pies a cabeza (aunque él sostenga que odia a los hípsters):

> Recibo a Matías en el departamento con dos cervezas Porter que Fernanda Katz fabrica en el sótano de un antiguo caserón del barrio Venecia. Matías Esnaurrizar, creador de la mejor boutique para gatos de la ciudad, se ha convertido en mi cómplice de pedas. Mientras bebemos conversamos sobre la necedad e impertinencia de los vecinos que se oponen a la colocación de parquímetros. En la segunda chela ya planeamos generar un proyecto para peatonalizar la zona y desterrar automóviles, empezando por aquellos que se estacionan sobre la banqueta. Una de las diferencias básicas entre estas cervezas honestas y las producidas industrialmente por empresas que ya ni nacionales son es que embriagan con dulces caricias a bajas dosis. Las otras sólo empanzonan absurdamente. Tomo mi maleta retacada de vinilos y salimos. Caminamos tres cuadras hasta llegar a La Ilegítima, un pequeño bar instalado en el local que ocupó una planchaduría durante medio siglo. Me checkineo en Foursquare. La app me felicita por romper mi propio récord y acumular 42 semanas consecutivas acudiendo a bares. ¿En qué momento pasé siete largos días sin asistir a uno? En este sitio sirven el mezcal más artesanal y fair trade que puedo encontrar en Ciudad Capital, por eso lo frecuento tanto. Además, comparto la visión que tienen los dueños de proteger al campesino agavero. (Garza, pos. 35–45)

A primera vista, estos intereses parecerían legítimos y humanitarios, pero esa búsqueda incansable de los productos perfectos solo dejan entrever la enorme inseguridad del personaje, que busca mostrarse como un ser moralmente superior por ayudar a los pequeños productores y luchar en contra de las trasnacionales. Este resurgimiento del gusto por el comercio minorista por encima de las grandes marcas aparece, más que como un compromiso social, como un remedio psicológico. En su libro *La felicidad paradójica. Ensayo sobre la sociedad del hiperconsumo*, Gilles Lipovetsky afirma lo siguiente:

> El hiperconsumidor ya no está sólo deseoso de bienestar material: aparece como demandante exponencial de confort psíquico, de armonía interior y plenitud subjetiva y de ello dan fe el florecimiento de las técnicas derivadas del Desarrollo Personal y el éxito de las doctrinas orientales, las nuevas espiritualidades, las guías de la felicidad y la sabiduría. El materialismo de la primera sociedad de consumo ha pasado de moda: actualmente asistimos a la expansión del mercado del alma y su transformación, del equilibrio y la autoestima, mientras proliferan las farmacopeas de la felicidad. (p. 11)

La vida aparentemente glamorosa de Sal Thomson y su esfuerzo por conservarla revela, a la larga, la manera en la que el publicista se percibe: como alguien de poco valor por tener un nombre común [en la novela sabremos que se llama José

Luis Martínez Thomson] y no haber nacido en una familia pudiente. Por eso, cuando un excompañero de la preparatoria amenaza con desenmascarar a su personaje, Sal hace todo por evitarlo:

> ¿Qué carajos hace aquí? No, no es. No puede ser él. Debe ser una alucinación. He estado estresado últimamente. Suspenderé la ingesta de pastillas de Rivotril. Tal vez se me están cruzando con el mezcal, la albahaca y el chile serrano de este coctel tan joto. Volteo nuevamente y ahí sigue. [...] Se llama Mauricio Flores, cursamos juntos los primeros dos años de preparatoria; para el tercero yo elegí el eje de Humanidades y él el de Numéricas. Nunca fuimos amigos pero esa temporada compartiendo aula es razón suficiente para que, por cortesía, nos saludemos y preguntemos cómo están nuestros papás, si me enteré de que asesinaron al maestro que a veces llegaba borracho a la clase, si sabía que Laura se embarazó, que el director se jubiló, que ya todos se casaron, que embargaron el colegio por no pagar impuestos o derecho de piso. Una pregunta sería suficiente para empujar la curiosidad de mis amigos, luego su decepción, sus burlas, sus reproches por nunca haberles confesado que arrastro un pasado provinciano del que he procurado deshacerme. Pero el pasado es un lastre indisoluble, imborrable, un escollo con el que hay que aprender a vivir procurando ignorarlo. Otra alternativa es huir, alejarse, esfumarse, lo cual no forzosamente representa un acto de cobardía. En mi caso fue valiente, salí de la comodidad de casa, de los desayunos de mamá, regresé a la gran ciudad, comencé una historia por mi cuenta a los dieciocho años. (Garza, pos. 1243–1260)

El fondo del defecto que implica ser provinciano, como lo señala Thomson, tiene que ver, sobre todo, con una cuestión de territorialidad y con el símbolo de la modernidad por excelencia: la pertenencia a metrópolis importantes, no a ciudades o pueblos "de segundo o tercer nivel", como sería San Luis Potosí.[33] La compra de esa fábrica abandonada donde nacieron los hípsters para hacerla foco de una comunidad de artistas y, con los años, centro de una boyante actividad cultural fue la primera muestra del temido efecto que este grupo tiene en todas

---

33 En su artículo "Ciudad, apocalipsis y ciencia ficción", publicado en la revista *Bifurcaciones. Revista de Estudios Culturales Urbanos* (Colombia, 2014), el antropólogo francés Alain Musset señala que las ciudades elegidas para representar escenarios apocalípticos en los relatos de ciencia ficción son ciudades cuyos monumentos resultan emblemáticos y, además, ocupan un lugar destacado en el sistema-mundo. Aunque en este caso no hablamos de una novela de ciencia ficción, el término se ajusta bien para hacer la diferencia entre esas ciudades íconos de la globalización y las que él mismo denomina "ciudades globales de segundo nivel", como la Ciudad de México, "cuyos monumentos más famosos (el Ángel de la Independencia o el Monumento a la Revolución) aún no han logrado competir con la torre Eiffel, la Estatua de la Libertad, Tower Bridge o el Cristo del Corcovado". Siguiendo este razonamiento, una ciudad como San Luis Potosí, todavía más desconocida a nivel mundial, quedaría en un tercer nivel, por debajo de una ciudad más cosmopolita como la capital del país.

las ciudades a las que llegan. En un primer momento, el que los jóvenes se muden a barrios empobrecidos y reaviven la vida y la economía en el lugar parecería un efecto positivo, sobre todo unido al gusto que ya mencionábamos de reutilizar muebles y materiales descartados para darles una nueva vida y un nuevo estilo; sin embargo, el extremo devastador de ese efecto es la gentrificación, proceso entendido como la revalorización de zonas urbanas deterioradas o pobres que, a la larga, termina por expulsar a sus habitantes originales. En la novela, hay dos escenarios en los que se percibe claramente este proceso de gentrificación; el primero es la colonia Duquesa, que obviamente remite a la zona de la Condesa en la Ciudad de México, primer lugar en el que se pudo apreciar el avance de los hípsters y su efecto encarecedor:

> Thomson residió con sus padres en la Duquesa desde que nació y hasta los diez años. Sin embargo, el barrio era muy diferente a lo que es hoy. Casi no había cafeterías, bares, discotecas, galerías o *boutiques*. Mucho menos estudios de fotografía, redacciones de revistas, agencias de modelaje o de publicidad. Los jóvenes no usaban pantalones de colores fosforescentes ni gafas, con excepción de quienes padecían astigmatismo, miopía o estrabismo. En la Duquesa de los años ochenta residía una clase media más preocupada por no ser víctima de un asalto que por ir peinada de modo original al *lounge* de moda, una clase media inquieta por no perder con violencia las pocas pertenencias que había adquirido tras años de arduo trabajo. (Pos. 523)

El otro ejemplo corresponde más que a un territorio revalorizado, a uno que surgió prácticamente en las tierras de nadie que eran los tiraderos de basura al poniente de la ciudad: Santa Fe, esa zona de altos edificios hecha a imagen y semejanza de lugares como el centro de Chicago o Hong Kong, es decir, zonas totalmente globalizadas y asentamiento de los grandes emporios comerciales que rigen la economía mundial. En *Hipsteria* leemos:

> Sal apenas era amamantado (Juniorcito en aquel entonces) cuando Santa Esperanza – la zona donde se encuentra la Hispanojesuita – vivía los últimos desalojos de pepenadores. Durante décadas sus barrancas funcionaron como uno de los principales vertederos de la ciudad, y para quienes subsistían de los desperdicios era cómodo residir cerca de la oficina. Pero la basura se comprime, el concreto y los vidrios verdes se yerguen, avenidas nacen de la nada, cerros son horadados para crear túneles y ahora Santa Esperanza es uno de los barrios más prósperos de la capital, la prueba de que el *American way of life* también es posible en el tercer mundo. (Garza, pos. 170–175)

Regresaremos después al tema de las claras alusiones a sitios e instituciones mexicanas porque es en donde se encuentra la crítica que el autor hace a la sociedad contemporánea; sin embargo, en esta parte me interesa centrar la atención en lo que se dibuja detrás de la cortina de las zonas gentrificadas: las enormes diferencias económicas y sociales que derrumban el mito de que la sociedad globalizada debería ser equitativa y garantizar la felicidad de los individuos. Por eso, Lipovetsky, en el libro que citamos antes, enfatiza que la gran paradoja de la sociedad del hiperconsumo radica en lo siguiente:

> Nuestras sociedades son cada vez más ricas, pero un número creciente de personas vive en la precariedad y debe economizar en todas las partidas del presupuesto, ya que la falta de dinero se ha vuelto un problema cada vez más acuciante. Nos curan cada vez mejor, pero eso no impide que el individuo se esté convirtiendo en una especie de hipocondríaco crónico. Los cuerpos son libres, la infelicidad sexual persiste. Las incitaciones al hedonismo están por todas partes: las inquietudes, las decepciones, las inseguridades sociales y personales aumentan. Son estos aspectos los que hacen de la sociedad de hiperconsumo la civilización de la *felicidad paradójica*. (12–13)

Por supuesto, estos contrastes no son exclusivos de la ciudad, pero sí son más evidentes ahí, por eso es fácilmente explicable que una buena parte de la novelística mexicana más reciente siga abrevando de estos escenarios. Ya desde los años cincuenta, la ciudad – en especial, la capital del país – se convirtió en ambiente favorito de los escritores que recreaban lugares cosmopolitas, muy acordes al momento histórico de bonanza que había traído la Segunda Guerra Mundial a México: era la época del llamado "Milagro mexicano", años en los que el país pasó de ser una economía mayoritariamente agrícola a una más industrializada, con el consecuente cambio en las costumbres sociales, como se puede apreciar en la que es considerada por muchos investigadores la primera novela mexicana de corte urbano y moderno: *La región más transparente*, de Carlos Fuentes.

En los años sesenta, en el panorama de la literatura mexicana hubo un gran cisma: la aparición de "la Onda" y la irrupción de una corriente juvenil en la manera de narrar, que desacralizaba puntos tan sensibles como el lenguaje o los temas. Parecía pasar, en ese momento, lo mismo que condenaba Lukács páginas atrás: dejaba de haber compromiso con las grandes causas y los novelistas eran, entonces, muchachos desparpajados que elevaban, a la calidad de lo literario, temas "menores", como el rock y los nuevos géneros musicales, o "inmorales", como las drogas, o modos de expresión que nada tenían que ver con el gran lenguaje literario. Cincuenta años después, ya en los años en los que la globalización está en pleno auge, el lenguaje coloquial sigue siendo casi una norma en la escritura de los narradores noveles y la capital continúa como un escenario común, sobre todo en las novelas de algunos géneros que se pusieron de moda en los últimos años, como la novela policiaca y la ciencia ficción.

El gusto por estos géneros es, a decir de Jorge Zúñiga Pavlov en su artículo "Signos de la globalización en la literatura latinoamericana", una clara muestra de la influencia de esta corriente económica; en tanto el gusto por la novela policial es una imposición de un modelo cultural dominante, como el estadunidense, al que también hay que agradecerle la aparición de las marcas comerciales como símbolos identitarios que, como hemos visto en los ejemplos, abundan en la novela que analizamos, y funcionan para hacer a los personajes más cercanos a los lectores. Zúñiga Pavlov lo explica así: "La nueva narrativa ha llegado a un momento en que ya no sólo recurre al lenguaje, si no que incorpora un meta-lenguaje de símbolos que refieren a elementos situados en una categoría anterior. Los introduce en la obra, en donde la experiencia estética desborda los elementos hasta ahora conocidos y nos impone un contexto semiótico previo" (Zúñiga). En el diario acontecer, sabemos cómo las marcas modelan la personalidad de sus consumidores: no es lo mismo tener el último modelo de iPhone que un celular de cualquier otra marca que no sea de gama alta. El asunto de la marca incluso es aspiracional: el acceso a determinados productos distingue al usuario en su pertenencia a ciertos círculos o ciertas clases. En el caso de la narrativa contemporánea, la aparición en el relato de productos de consumo regular o de objetos que conocemos de la vida real aportan verosimilitud a la historia contada: es una nueva manera de asegurar que lo narrado es verdadero, que Sal Thompson podría ser ese muchacho de bigotes y lentes estrafalarios que acaba de pasar a nuestro lado.

La novela de Garza Lau juega en una buena parte con las convenciones del género policiaco y está fuertemente ligada a la ciudad como su escenario vital, en el que muestra los contrastes y disparidades que se dan en esta enorme metrópoli, por ejemplo, cuando le roban un iPhone nuevo a Sal y él, ni tardo ni perezoso, decide ir en busca de su amado aparato sin importar si entra a una de las zonas más peligrosas:

> La antigua casa de dos niveles estuvo pintada alguna vez de azul alberca, o al menos eso se deducía tras analizar la cacariza capa que se desprendía del yeso de sus paredes. En algunas porciones, dicho desgajamiento dejaba entrever tabiques anaranjados. Parecía como si un tornado hubiera pasado sobre su fachada hacía mucho tiempo. Firmas ilegibles en grafiti componían también el rostro del inmueble hacia el exterior. La mitad de las ventanas estaban rotas y detrás de ellas había sábanas percudidas y deslavadas con personajes de Walt Disney haciendo las veces de cortinas… . Dos relucientes automóviles negros de los años noventa, con los vidrios polarizados y rines de aluminio, así como un árbol que había sido secado mediante la sistemática aplicación de ácido, complementaban la escena. Del otro lado de la acera había una unidad habitacional con media docena de edificios de cuatro pisos. Para ahorrarse los signos del deterioro y pocos miles de pesos, sus creadores decidieron no colocar mayor recubrimiento sobre el ladrillo unido con cemento. Imposible resultaba encontrar el acceso a ellos, pues su muro exterior estaba invadido por viviendas improvisadas, fabricadas con láminas de asbesto y triplay, cajas de cartón y lonas de propaganda política. Un cartel anunciaba que sus habitantes pertenecían a una unión popular y se encontraban «en pie de lucha».

Al leer el letrero oxidado, Thomson se preguntó si no serían desplazados por el gran terremoto de los ochenta, que permanecían a la espera de una quimérica reubicación. (Garza, pos. 1786–1800)

En estas dos primeras décadas del siglo XXI, la novela policiaca en México ha despertado un gran interés. El tema del narcotráfico, que también se popularizó entre los narradores nacionales, hizo volver al escenario a los policías y detectives como personajes multifacéticos, y después estos se decantaron hacia historias en las que la cuestión del narco puede o no estar presente, pero en las que ciertos elementos no dejan de estar presentes, entre ellos, la ciudad como escenario. La lista de autores que abrevan en las aguas del género negro crece cada año, y muchos además han empezado a construir sagas al más puro estilo anglosajón, como Bernardo Fernández BEF, Bernardo Esquinca y Francisco Haghenbeck. Esta predilección por el género policiaco es también un claro signo de la influencia de la globalización en las manifestaciones literarias contemporáneas, pues, según Jorge Zúñiga Pavlov en su ensayo ya mencionado, es un género impuesto más que nada por el gusto norteamericano.

Ahora bien, decíamos que esta novela utiliza la parodia como modo de crítica a la sociedad actual, y de esa crítica precisamente no se escapa la novela policiaca y su transformación de los detectives en cualquier tipo de personaje. Uno quizá pensaría que lo más lejano a un policía rudo y violento sería un hípster, pero Sal Thompson se ve obligado a convertirse en detective en uno de los sucesos más chuscos de la novela: el secuestro de su gato Neko. Quizá se podría pensar que la novela pierde profundidad por pasajes como este, pero, en realidad, aparte de parodiar al género policiaco, el episodio deja ver detrás una gran crítica: la generación de los *millennials* parece tener los valores morales más básicos invertidos al estar más preocupada por los animales de compañía que por los demás humanos, en grados que rayan lo patológico, pero que ellos disfrazan como interés por la ecología. No solo los amigos de Sal son dueños de boutiques para perros o gatos, sino que él está dispuesto a perderlo todo con tal de salvar a su mascota:

No, Don Jonás [el portero del edificio] no vio que sustrajeran a su gato. Le dijo que era normal que los gatos huyeran y buscaran otra vida, y aprovechó para entregarle un memorándum ultimátum del administrador por su adeudo de tres meses del pago de agua y servicios del edificio. Sal debía firmar la recepción de la notificación, pero en vez de hacerlo dio la vuelta hacia las escaleras y se dirigió velozmente al departamento. Saltaba de dos en dos los escalones, llevando al límite la costura del tiro de su entallado pantalón. Agitado, hizo una pausa cuando recibió la notificación de un mensaje en su celular: «Kiero 100 mil en kash X tu gatito NO hagas pndjads + instruxiones pronto». Casi se desvanece al leerlo. Aquel sujeto no sólo tenía maniatado a su mejor amigo sino también conocía sus datos personales, entre ellos su teléfono celular. Por primera vez alguien podría llevarlo a la ruina. Destruir su patrimonio. Acabar con lo que más apreciaba. (Garza, pos. 2371–2378)

Gilles Lipovetsky, en *La felicidad paradójica...*, parece retomar la idea de Lukács sobre la falta de compromiso en la literatura cuando afirma: "La vida en presente ha reemplazado las expectativas del futuro histórico y el hedonismo a las militancias políticas; la fiebre del confort ha sustituido a las pasiones nacionalistas y las diversiones a la revolución" (p. 7). La vida de Sal Thomson retrata de cuerpo entero a esa generación que ronda hoy los treinta años, que suele haber recibido una buena educación, pero cuyo futuro no predice muchos años luminosos: aquellos citadinos que ostentan los símbolos de la modernidad con los dispositivos móviles más modernos y los últimos atuendos de moda son también las primeras víctimas de la globalización, de ese sistema laboral que reemplaza a los trabajadores con la misma facilidad con la que hoy cambiamos de teléfono celular.

La desaparición de Neko, justo un día antes de que Sal cumpla treinta años, desata la caída del personaje hacia su sima. Para esta generación que venera la juventud por encima de todo, llegar a los treinta años parecería la mayor de las desgracias: "Estoy pulverizado por el esfuerzo de soportar tanto dolor físico, pero mañana cumplo treinta años y necesito al menos una salidita austera de lunes", dice Sal mientras agoniza por una crisis de migraña desatada por el secuestro del gato. "Los últimos tragos de los veintitantos. Qué será de mí cuando tenga treintaialgunos. ¿Empezaré a correr maratones para sentir que aún tengo vitalidad?, ¿postearé mis logros en Runtastic?" (Garza, pos. 2785–2787).

En esta parte del libro, vemos cómo se desmorona la imagen de gran triunfador que Sal Thomson ha construido alrededor de sí, y empezamos a ver la terrible realidad laboral y económica de los jóvenes profesionistas: lo que se esconde detrás de la aparente flexibilidad del trabajo desde casa, cómo las empresas manejan sueldos altos para sus estrellas, pero sin comprometerse de más, y cómo los que están en la cima de pronto pueden perderlo todo. "Mi prioridad hoy es recuperar a Neko. Me angustia hasta los límites de mi sedación imaginar que lo tienen en una jaula oxidada dándole bofe o croquetas baratas de cartílago que le estropearán el hígado", (Garza, pos. 2790–2791) dice Sal mientras piensa en la manera de rescatar al gato. Pero es en las siguientes líneas en las que empieza a vislumbrarse cómo se desmorona el ídolo de barro:

No tengo cien mil pesos para pagar su rescate, eso es un hecho. [...] Las tarjetas reventaron, las cuentas del departamento también. Los billetes van y vienen pero últimamente se han ido más rápido de lo que llegan. Debo dejar de perder tanto tiempo en Nodo y pensar en un negocio, usar mi creatividad para poner una tienda de productos

> originales, necesarios y a la vez difíciles de hallar en la Duquesa o la Venecia. Tiendas de bicicletas o cupcakerías están definitivamente vetadas. Un food truck vegano sería el hit. Una barbería vintage para hombres también. (Garza, pos. 2793–2796)

Por emprender la misión de rescatar a su gato, Sal falta, sin avisar, varios días seguidos a Nodo, la agencia de publicidad para la que trabaja, y, cuando regresa derrotado por haber perdido a su mejor amigo en las vías del metro, le espera la noticia de que ha sido despedido. De nada han servido las cuentas millonarias ni las grandes campañas que había traído, ni los miles de *followers* de la agencia: perdió una cuenta millonaria por no estar ahí y ya no es útil para la empresa: "No sabemos qué te conviene", le dice el socio argentino que, de por sí, nunca lo ha apreciado, "pero sí lo que nos conviene a nosotros: sangre nueva, sangre joven, de chicos de veinticuatro años que la están rompiendo en un país en crisis y van a venir a romperla acá" (Garza, pos. 3193–3194).

Sal recibe el golpe final con la noticia de su liquidación, muestra clarísima de cómo el sistema económico globalizado genera muchas cosas pero no condiciones justas de trabajo, como le explica el jefe de Recursos Humanos en la nefasta reunión:

> Respecto a tu liquidación, Nodo está constituido por varias empresas, por eso firmabas un nuevo contrato cada año. Es lo más conveniente para todos, porque de esta manera podemos darles su sueldo neto y no pagar más del treinta por ciento en impuestos. Gracias a eso ganaste la cantidad que te ofrecimos sin retenciones, y nosotros pudimos tener la liquidez suficiente para reinvertir. El inconveniente con esto es que, bueno, en realidad para el seguro social percibes el salario mínimo y por tu poca antigüedad te corresponde recibir solo el proporcional del aguinaldo. Podríamos darte esa cantidad, deberíamos dártela, de hecho, pero como estamos agradecidos contigo y reconocemos tu labor en Nodo te gratificaremos con dos meses de sueldo. (Garza, pos. 3201–3206)

LA PARODIA Y LA ALUSIÓN CRÍTICA: ¿NUEVAS FORMAS DEL REALISMO?

A estas alturas del análisis, ya resulta claro cuál es el recurso principal de Ricardo Garza Lau para construir la historia de su novela: las alusiones a situaciones e instituciones reales, fácilmente identificables, y la parodia del discurso propio de la subcultura que da nombre a la novela. En una entrevista realizada para *Águila o sol*, Garza Lau explica el origen de la historia, cómo quiso incorporar a la narrativa estilos provenientes de los entornos digitales como las redes sociales tipo Whatsapp o los blogs, intromisión que puede verse como otra influencia de la globalización en el discurso literario, pues de unos años para acá, el porcentaje de nuestras conversaciones cotidianas que se da por esos medios crece y crece. Pero, en esa misma conversación, el autor explica por qué decidió utilizar la parodia como este estilo de narración, tan fácilmente identificable con la realidad mexicana:

> Evidentemente hablo de México y de la Ciudad de México, pero me pareció un recurso válido para mostrar que la historia podía desarrollarse casi por completo en cualquier otra ciudad latinoamericana. Pienso, por ejemplo, que en Santiago de Chile o Guadalajara podría situarse sin cambios trascendentes. La intención con esto fue que nos diéramos cuenta cómo incluso esa sed por ser diferentes se contagia y de países con historia y cultura semejantes a la nuestra, y terminamos siendo como producidos en serie en una fábrica de capitalismo "alternativo". Si a esto añadimos la tecnología y las redes sociales nos damos cuenta que comportamientos, anhelos, aficiones y manera de criticar terminan siendo los mismos. Si hay algo que distingue a esta generación mexicana tan globalizada es que casi nada la distingue de otros países latinoamericanos. (Cerino)

En esto último, Garza Lau coincide con lo que mencionaba Jaime Mesa en el artículo que citábamos al inicio del estudio: son escritores de traducción Anagrama, con los mismos temas sin importar la nacionalidad. "Los cambios globalizadores han modificado la manera de concebir la cultura", dice Néstor García Canclini, en *La globalización imaginada* (61), pues, si hay una consecuencia particularmente marcada del impacto de la globalización en el ámbito de la cultura, esta es la homogenización de la misma, tanto en cuestiones temáticas y técnicas como de producción y distribución.

Por cultura homogenizada no nos referimos solo al cine y la televisión o, en este caso en particular, a la literatura; la música, por ejemplo, es una prueba manifiesta de esta homogenización en la que, al hablar de música latina, cualquiera puede pensar en Celia Cruz, en Ricky Martin o en Alejandro Fernández, sin importar sus nacionalidades o los géneros que interpretan: lo que importa es lo que representan, en este caso, la pertenencia a una gran región, América latina, hermanada comercialmente.

> De modo análogo a como las alianzas en el trabajo quedan subordinadas al régimen de explotación del conjunto de los migrantes, las comunidades latinas de consumidores quedan subsumidas bajo las estrategias comerciales de Sony, Polygram y MTV. Como los mexicanos pueden ser intercambiados por los haitianos o salvadoreños en tanto su fuerza de trabajo se reduce a mercancía, Raphael, José Luis Rodríguez ("El Puma") y Cristina Saralegui —aun teniendo diferencias de marca que no se permiten al migrante de a pie— existen, y podrían ser intercambiables en el futuro por equivalentes, en la medida en que son iconos de una "identidad" comercializable. (García Canclini 121)

Regresemos ahora algunos ejemplos de las alusiones fácilmente reconocibles como la estrategia que Garza Lau utiliza en su novela.

Cuando termina la preparatoria, Sal Thomson decide dejar a su familia en San Luis Potosí (que en la novela recibe el nombre de San Juan Potosí) y regresa a vivir a la capital del país para estudiar en una universidad privada que le ayudará a tener el respaldo social que no posee:

> La Universidad Hispanojesuita es una de las instituciones educativas superiores más caras de Anahuaclandia. Como su nombre lo indica, fue fundada por la Compañía de Jesús, cuyos pensamientos progresistas le valieron ser expulsada de la Nueva España en 1767, luego de haber sido echada de los reinos de Francia y Portugal. Los académicos jesuitas del siglo XXI no han perdido esa visión liberal y por ello la mayoría de los estudiantes de la UHJ egresan con un perfil inquieto y de abultadas expectativas profesionales. Lo que los decanos sí han disipado de su código moral es la frugalidad inherente a la misión. (Garza, pos. 175–180)

Evidentemente, la universidad a la que se refiere es la Universidad Iberoamericana de la Ciudad de México, construida en la zona de Santa Fe (Santa Esperanza en la novela), perteneciente todavía a la Compañía de Jesús y, efectivamente, una de las más caras del país, a donde, como dice el narrador de *Hipsteria,* acuden "vástagos de millonarios y de políticos, chicas producidas en serie con idéntico bronceado anaranjado y alaciado de cabello, compañeros que estudian solo porque sus padres los obligan y futuros cineastas de Hollywood" [como Alejandro González Iñárritu, Guillermo Arriaga o Carlos Carrera] (Garza, pos. 180–181).

Aquí vale la pena detenerse en el concepto de parodia que mejor se ajusta al recurso de *Hipsteria*. En su libro *Palimpsestos*, Gérard Genette explica que "The word *parody* is currently the site of a rather onerous confusion, because it is called upon to designate at times playful distortion, at times the burlesque transposition of a text, and on other occasions the satirical imitation of a style" (24). El uso que Garza Lau hace de la parodia cumple con estas tres definiciones que da Genette: puede ser una distorsión juguetona (como hace al nombrar colonia Duquesa a la Condesa, o Venecia a la Roma); la transposición burlesca de un texto (como cuando imita el discurso utilizado en las redes sociales, como Whatsapp), y la imitación satírica de un estilo (por ejemplo, al recurrir al estilo policiaco con el secuestro del gato). Sin embargo, Genette advierte que el uso del término *parodia* se ha pervertido y se ha transformado en otro tipo de recurso: "In everyday usage, however, the term parody has come to call forth spontaneously (and exclusively) the idea of satiric pastiche, and thus to overlap with caricature" (23). ¿Presenta Ricardo Garza Lau una caricatura de los hípsters mexicanos? Sí, y también de su modo de vida y sus costumbres, como cuando Sal se amarra al tronco de un árbol que estaba siendo demolido: "El fragmento de madera tenía una historia: como sus raíces habían roto una tubería de avenida Rotterdam, las autoridades decidieron retirarlo. Camino a Nodo, Sal descubrió el atentado y abrazó el árbol para que las motosierras no acabaran con él. Convocó a los vecinos por Twitter para defenderlo. Media hora después había una docena de personas exclamando por la vida del ser vivo". (Garza, pos. 668–672)

Ahora bien, continuando con el razonamiento de Genette, el que hoy se confunda a la parodia con el pastiche satírico no quiere decir que se haya perdido del todo la capacidad fundamental de la parodia: la de la crítica. En *A Theory of Parody*, Linda Hutcheon concuerda con Genette acerca de lo maleable que es el concepto de parodia: "Parody can obviously be a whole range of things. It can be *serious criticism*, not necessarily of the parodied text; it can be playful, genial mockery of codifiable forms. Its range of intent is from respectful admiration to biting ridicule" (15–16). La novela de Garza Lau sucede durante un periodo muy especial en la historia reciente de México: las campañas electorales del año 2012 y el nacimiento del Movimiento #Yo Soy 132. A través de las actualizaciones del blog de Sal Thomson, podemos ver la postura del autor respecto de la situación política del país:

> Actualizado el 25 de mayo, 4:55
> CONTRA LOS PROVINCIANOS
> … Catorce estados del país (casi la mitad) han sido gobernados por el mismo partido político desde hace ochentaitantos años y peor que en una monarquía. No conocen la democracia. En esos estados los gobernadores han robado descaradamente, secuestrado, asesinado, encubierto al narco, protegido a pederastas, pero como son caciques, reyes, la población sigue votando por su partido. Los provincianos tienen miedo al cambio, miedo a pensar diferente, miedo a atreverse, pavor a denunciar la corrupción. Ahí está luego el hermano en el mismo cargo. Y los provincianos no se quejan, no actúan, no denuncian. Están en sus sillas afuera de casa viendo pasar la vida, en sus hamacas hueveando, en sus sillas de bejuco emocionándose con los cero-cero del futbol, estirando la mano para ver si el político en turno los salpica con un poco de lo que ha hurtado. (Garza, pos. 1282–1293)

Regreso aquí a la postura de Neil Howe y William Strauss acerca de que, con todos sus defectos, la generación *millennial* tiene un grado de compromiso social mayor que el de su predecesora, la generación X. Sabemos que, en efecto, hay varios estados en el país en el que no ha habido alternancia del partido en el gobierno desde hace muchas décadas y en donde el precio del voto es el equivalente a una despensa: no hay en estas palabras nada que pueda considerarse ficción, sino que es todo realidad. En este sentido, vemos que la parodia como estilo, con la popularidad de la que goza hoy en día, se dirige hacia la misma postura que esgrimían corrientes como el realismo y el naturalismo en el siglo XIX: la reproducción exacta de la realidad social del momento, de manera sencilla para que el lector capte la referencia fácilmente y pueda, incluso, reflexionar sobre ella (*cfr. Diccionario Akal de Términos Literarios*, p. 317). En *Hipsteria*, el ejemplo más claro de esta reproducción exacta de la realidad podemos hallarlo en la descripción del movimiento #Yo soy 132, que surgió cuando el entonces candidato a la presidencia Enrique Peña Nieto visitó la Universidad Iberoamericana de Santa Fe y fue cuestionado álgidamente por los estudiantes:

> No podemos permitir que el Partido de la Bandera regrese, eso tampoco significa que los últimos doce años hayamos estado en la gloria con el conservador Partido Nacional. En realidad, estamos sumidos en una guerra idiota con bandas de narcotraficantes por culpa de ellos...
> Expresé a Matías el gran orgullo que sentí cuando vi lo que hicieron ayer mis compañeros de la Hispanojesuita: boicotear el discurso en la universidad del candidato del Partido de la Bandera. Ambos admiramos la valentía con la que subieron ese video sosteniendo que nadie les pagó por abuchearlo, y que sí son estudiantes. Inician un movimiento que podría convertirse en la primavera árabe región 4. Tengo la vela encendida, una última esperanza de que no gane el candidato de la televisión, el que no puede enunciar los tres libros que han cambiado su vida. (Garza, pos. 1564–1572)

"I want to retain the term parody for this *structural and functional relationship of critical revision*", afirma Linda Hutcheon en *A Theory of Parody*, "partly because I feel that a word like 'quotation' is too weak and carries (etimologically and historically) none of those parodic resonances of distance and difference that we have found to be present in modern art's reference to its past" (16). Con lo mostrado hasta aquí, podemos ver que, justo, en el recurso de la parodia, Ricardo Garza Lau hace una revisión crítica de un momento muy específico en la vida política reciente de México, de nuestra actitud como sociedad, de los valores que rigen a cierto sector de la población, que por ahora debiera ser uno de los sectores productivos más importantes y no necesariamente lo está siendo.

CONCLUSIONES

Podríamos seguir con muchos ejemplos más, pues en la novela también se critica al medio cultural mexicano, a los escritores en activo, al arte y al periodismo, entre muchas otras áreas del acontecer social. En la entrevista que Ricardo Garza Lau dio a *Águila o sol*, él comentaba que la reacción de muchos escritores a su novela ha sido de rechazo por el título o por la portada, pero sin siquiera abrir el libro. "Creo que es normal que descalifiquen a priori una obra que no habla de los verdaderos conflictos que hay en este país", dice. "También creo que es natural que alguien que no ha figurado en becas del FONCA o congresos de escritores o que vaya a la cantina con ellos, de pronto publique algo en una editorial grandota. Pero justo por esa actitud es que hay tan pocos lectores" (Cerino).

Con lo que hemos visto aquí, uno podría preguntarse si *Hipsteria* realmente no trata de los verdaderos conflictos del país: no hay en las páginas de la novela referencias a, por ejemplo, los conflictos entre bandas del narco, pero sí se atreve a señalar un sistema electoral que cojea evidentemente desde hace muchos años, o denuncia la manera en la que las corporaciones manipulan las leyes laborales a su antojo para mejorar sus ganancias. ¿Esos no son acaso conflictos verdaderos? El problema de origen de la novela es, más bien, el que haya sido hecha por encargo, al amparo de un contrato con una editorial trasnacional que todavía no firma a muchos escritores jóvenes, o firma a aquellos que ofrecen obras de géneros cuya aceptación en el mercado es mejor en estos años. El medio literario mexicano no suele sentirse cómodo ante este tipo de obras, a pesar de que plataformas de reseñas independientes, como *Good Reads*, califican bien a *Hipsteria*; parecería que es hora de dejar que sean los lectores quienes hablen más.

Regreso ahora al libro de György Lukács *Sociología de la literatura*, y a su idea de la falta de compromiso con las grandes causas de la literatura capitalista. Para la época en la que los primeros textos de este libro fueron escritos (entre 1909 y 1915), la tendencia de la literatura realista aún persistía y era tema de estudio del mismo Lukács; hoy en día, la tendencia económica es la globalización y su literatura es esta, la que está llena de referentes tomados de la literatura popular y permeada por discursos ajenos a la literatura, como el proveniente de las redes sociales. Es además una literatura en la que se nota la homogenización cultural que la globalización ha impuesto, tanto en temáticas como en géneros. *Hipsteria* es un ejemplar extraño en las tendencias actuales de la literatura mexicana, alejándose de las historias de narcotráfico, pero coqueteando con el género policiaco; haciendo una crítica ácida del sistema político y de la sociedad mexicana, pero desde la aparente ligereza del humor y la risa. Así pues, aun en esta literatura cuya seriedad parecería ser menor a la de obras como las de Zola, habrá que reconocer que el arte sobrevive y mantiene uno de sus mayores valores: el de funcionar como la conciencia crítica de la sociedad que la ve nacer.

Bibliografía

Bot, Sophy. *The Hipster Effect: How the Rising Tide of Individuality is Changing Everything We Know about Life, Work and the Pursuit of Happiness*. S/e, 2012. Edición Kindle.

Dentith, Simon. *Parody. The New Critical Idiom*. Londres/Nueva York: Routledge, 2000.

Garza Lau, Ricardo. "Ricardo Garza y el retrato de un hípster". Entrevista de Kristian Antonio Cerino. *Águila o sol. Periodismo subjetivo*. 21 octubre 2014.

Web. 05 mayo 2018. <http://aguilaosol.com.mx/ricardo-garza-y-el-retrato-de-un-hipster/>

Garza Lau, Ricardo. *Hipsteria*. México: Planeta, 2014. Edición Kindle.

Genette, Gérard. *Palimpsests. Literature in the Second Degree*. Lincoln: University of Nebraska Press, 1997.

Howe, Neil y William Strauss. *Millennials Rising. The Next Great Generation*. Nueva York: Vintage Books, 2000. Edición Kindle.

Hutcheon, Linda. *A Theory of Parody. The Teachings of Twenthieth-Century Art Forms*. Chicago: University of Illinois Press, 2000.

Lipovetsky, Gilles. *La felicidad paradójica. Ensayo sobre la sociedad del hiperconsumo*. Trad. Antonio-Prometeo Moya. Barcelona: Anagrama, 2007.

Lukács, György. *Sociología de la literatura*. Trad. Michel Faber-Kaiser. Barcelona: Península, 1989.

Maldonado, Tryno (comp.). *Grandes Hits vol. 1. Nueva generación de narradores mexicanos*. México: Almadía, 2008.

Mesa, Jaime. "La generación inexistente". *Milenio*, 29 marzo 2008. Online

Monsiváis, Carlos. "Globalización y cultura". *La insignia*, 19 septiembre 2004. Web. 6 agosto 2018. <https://www.lainsignia.org/2004/septiembre/cul_057.htm>.

Musset, Alain. "Ciudad, apocalipsis y ciencia ficción". *Bifurcaciones. Revista de Estudios Culturales Urbanos*, invierno 2014. Web. 05 agosto 2018. <http://www.bifurcaciones.cl/2014/06/ciudad-apocalipsis-y-ciencia-ficcion/>.

Zúñiga Pavlov, Jorge. "Signos de globalización en la literatura latinoamericana contemporánea", *Premio Iberoamericano en la República Checa IX edición*, 2004. Web. 05 mayo 2018. <http://www.premioiberoamericano.cz/documentos/9naedicion/2doPremioIX_JorgeZuniga.pdf>.

Capítulo 6

Guadalupe Pérez-Anzaldo

La identidad nepántlica de los judíos en el mundo globalizado actual: las novelas de Myriam Moscona y Sara Levi Calderón

> *"De niña me acostumbré a escuchar un español extraño: el que hablaban mis abuelas. Un español traído de otros mundos: el ladino. Como parte de una familia judía sefardí que se arraigó en México en los años cincuenta viví un exilio en miniatura".*
>
> *La caja china o el ser judío: un testimonio. Myriam Moscona*

Tela de sevoya (ganadora del Premio Xavier Villaurrutia en 2012) de Myriam Moscona y *Vida y peripecias de una buena hija de familia* (2015) de Sara Levi Calderón son dos textos heterogéneos que tienen en común la narración en primera persona de una protagonista femenina perteneciente a la segunda generación de hebreos en México, quien rememora sus propias experiencias de vida y eventos históricos trascendentales para la diáspora judía. Ambos contradiscursos proponen, a través de la condición transfronteriza de sus protagonistas, un concepto de identidad fluido y multidimensional que Gloria Anzaldúa sitúa simbólicamente en Nepantla: vocablo de origen náhuatl que significa "estar en el medio". De acuerdo a esta escritora/teórica chicana, Nepantla se refiere a un proceso epistemológico que conlleva a la adquisición de una conciencia cruzada, híbrida y, simultáneamente, alude a ese lugar intermedio de transición, fusión y transitoriedad en el cual se socavan las definiciones esencialistas de raza, etnia, clase, género, sexualidad y nacionalidad universalizadas e institucionalizadas a nivel global. De acuerdo a la definición elaborada por Anzaldúa:

> Nepantla is the Náhuatl word for an in-between state, that uncertain terrain one crosses when moving from one place to another, when changing from one class, race, or sexual position to another, when traveling from the present identity into a new identity. The Mexican immigrant at the moment of crossing the barbed wired fence into a hostile "paradise" of el norte, the U.S., is caught in a state of nepantla. Other who find themselves in this bewildering transitional space may be the straight person coming out as lesbian, gay, bi, or transexual, or a person from working-class origins crossing into middle-classness and privilege. (*The Gloria Anzaldua* 180)

En las narrativas aquí analizadas, los personajes aprenden precisamente a negociar sus variadas identidades, las que constantemente se metamorfosean de manera provisoria, colocándose en un espacio liminal en cada una de las definiciones fijas que promueve el sistema androcéntrico. En particular, *Tela de sevoya* de Moscona está formada de una serie de viñetas que no solo incluyen fragmentos autobiográficos donde se retoma el génesis judío-sefardita-búlgaro-mexicano de su autora, sino que también se entretejen referencias históricas, socioculturales, literarias, religiosas y lingüísticas (del judeoespañol) que, como ya se ha referido, problematizan las nociones identitarias monolíticas del discurso hegemónico. Por otra parte, en su segunda novela, Levi Calderón (re) crea su herencia transnacional judía-askenazí-ucraniana-mexicana-americana que la configura. Al igual que ocurre en la narrativa de Moscona, en esta autoficción se desarticulan las clasificaciones esencialistas de raza, clase social, etnicidad, género y sexualidad mediante un discurso de tono satírico con el que, además, subvierte los valores dominantes de las sociedades estadounidense, mexicana y judía. Significativamente, las protagonistas de ambas novelas – la mujer heterosexual de *Tela de sevoya* y la lesbiana de *Vida y peripecias* – realizan diferentes viajes, tanto físicos como introspectivos, con el fin de (re)construir la memoria individual, familiar y colectiva de las comunidades judías a las que pertenecen; las cuales se han esparcido en varias latitudes del planeta a través de los siglos.

Con esta su primera novela, Myriam Moscona reafirma su autoridad no solo como poeta, traductora, ensayista y periodista, sino también como escritora. A lo largo de más de tres décadas, ha logrado ser reconocida como una de las mejores poetas del México contemporáneo, después de haber publicado una serie de poemarios que han sido traducidos a diversos idiomas y por los cuales ha recibido premios muy importantes, entre los que destaca el Premio Nacional de Poesía Aguascalientes en 1988. Llama la atención que su irrupción a la narrativa de ficción sea precisamente con *Tela de sevoya*, un texto fragmentado que, al igual que la identidad de la protagonista, se sitúa en un espacio intermedio, pero en este caso entre géneros literarios porque "is autobiographical in nature; that is, it is not strictly an autobiographical novel though it certainly contains autobiographical elements. For that matter, it is not strictly a novel either … It is a narrative amalgam in which memoir, history, fiction, and fantasy come together to comprise a unique text" (Lockhart 113). Así, esta narrativa podría ser considerada una novela autobiográfica con alta dosis de poesía, una colección de cuentos o, inclusive, una crónica; en tanto que, si bien existen elementos autobiográficos de la autora, también se describen sucesos históricos y tradiciones culturales referentes a las comunidades de los judíos sefarditas descendientes de los grupos expulsados de España en 1492. De esta manera, Moscona demuestra su interés por explorar y articular el origen transfonterizo de su genealogía – con especial énfasis en las mujeres de su familia – quienes se asentaron en México después de haber salido huyendo de Bulgaria por la persecución nazi. Es por medio de la palabra escrita y de su trilingüismo que ella hace un (re)conocimiento íntimo y se posiciona en ese espacio nepántlico donde coexisten sus raíces judías, sefarditas, búlgaras y mexicanas.

En *Tela de sevoya*, persiste la idea de romper con todo tipo de fronteras, incluyendo aquellas que dividen nociones contrarias tales como: vigilia/sueño, pasado/presente, vida/muerte, espacio físico/espacio simbólico, entre otros; en tanto que en cada narración, se entremezclan los recuerdos de la protagonista (o de sus familiares) con un presente que muchas veces se diluye entre imágenes oníricas y añoranzas por experiencias no vividas directamente por ella. Además, predomina una relación dialógica con la tradición oral a lo largo de este tejido literario de múltiples capas donde se conjugan esa lengua milenaria conocida como el judeoespañol y el español contemporáneo hablado en México con una nutrida prosa poética; tal y como se aprecia en la siguiente cita:

> Esther Benaroya creció envuelta en ese español entreverado con palabras de otros mundos. El judeo-español no fue la lengua de sus estudios pero sí la que escuchó de sus padres y abuelos. Más adelante vino a hablarla lejos, "*a donde arrapan al güerko: Meksiko? Meksiko era para mozotros, en la karta, solo un payis ke de a banda izkyedra le enkolgava una lingua larga kon el nombre de la Basha Kalifornia*". (*Tela* 11)

En cada una de las viñetas que forman esta "tela" o texto híbrido está presente la intertextualidad y se mezclan distintos registros culturales, tales como: cánticas populares, recetas de cocina, versos del himno nacional mexicano, comerciales y programas radiofónicos, cartas personales, relatos cortos tanto religiosos como del folklor popular, documentos oficiales (como el edicto real promulgado en 1492), citas textuales de otros referentes literarios universales, explicaciones culturales, teorizaciones literarias, definiciones de vocablos y explicaciones lingüísticas, entrevistas, entre otros. Por otro lado, estas viñetas están organizadas bajo títulos que se esparcen arbitraria y repetitivamente en toda la novela, tal y como lo advierte Darrell B. Lockhart:

> *Tela de sevoya* is constructed around six narrative threads or fragments that alternate throughout the novel: *Distancia de foco, Molino de viento, Del diario de viaje, Pisapapeles, Kantikas,* and *La cuarta pared.* The latter two have less of a presence throughout the narrative than the former four, and each of these compartmentalized threads has a distinct function in the novel which takes the reader a few cycles to realize and become accustomed to the semiotic dimensions of the discursive role that each plays. (Lockhart 114)

Todos estos artilugios narrativos son utilizados estratégicamente por Moscona para enfatizar la pluralidad identitaria de los hebreos que, por generaciones, se han esparcido por la geografía mundial. Al mismo tiempo, ella muestra su deseo por compartir ideas filosóficas, reflexiones personales, memorias familiares y hechos históricos que han afectado a los miembros de dichas diásporas judías.

En ese sentido, el discurso literario de Myriam Moscona le permite al lector acceder a los infinitos espacios de la memoria y del olvido. Ella recupera recuerdos emotivos y tradiciones culturales que ha atesorado y compartido con las demás mujeres de su familia, del presente y del pasado, y con los exiliados judíos. En ese recorrido por los vericuetos de la memoria, ella se reconfigura como una mujer orgullosa de haber nacido en México, pero que vive un exilio interno, en tanto se sabe muy diferente a la mayoría de sus connacionales por su conciencia diaspórica: sus padres, quienes nacieron en Bulgaria, hablaban ladino y búlgaro cuando emigraron a México huyendo del Holocausto y siempre mantuvieron la firme esperanza de retornar a la tierra de sus ancestros, *Sefarad* o España. A este respecto, vale la pena retomar la siguiente idea expresada por Moscona en su breve ensayo "La caja china o el ser judío: un testimonio" usado como epígrafe de este ensayo: "Después de la expulsión de 1492 se gestó la conciencia de pertenecer a un brazo de aquel cuerpo formado por los judíos esparcidos en el mundo. En Constantinopla, por ejemplo, había comunidades de Toledo, Córdoba, Lisboa, Aragón y Cataluña. Cada uno traía sus propias ligas con España pero todos estaban enlazados por la fuerza que los mantuvo vivos: el lenguaje" (108). Por lo tanto, su identidad, como la de los judíos sefarditas, está anclada principalmente en el lenguaje ladino; el mismo que quiere inmortalizar en su obra creativa, en este caso, en su primera novela.

De hecho, se puede afirmar que el propósito de este discurso literario pluridimensional no es solo el honrar la memoria individual y comunitaria de los sujetos diaspóricos, sino también el hacer una apología del lenguaje judeoespañol o ladino hablado por los judíos sefarditas; el cual inexorablemente forma parte del ser íntimo de la escritora. Cabe señalar que la preservación del ladino ha sido posible, a pesar del paso de los siglos, gracias a que se volvió para los judíos expulsados de España en un vehículo de subversión en el cual anclaron su identidad, independientemente del espacio geográfico habitado por ellos. En los distintos países donde fueron forzados a exiliarse, mezclaron y adaptaron los vocablos pertenecientes al ladino con aquellos pertenecientes a los lenguajes dominantes de su entorno. Como lo explica la narradora de *Tela de sevoya*, desde el preciso momento histórico de su desarraigo, los judíos sefarditas se negaron a que su identidad fuera invisibilizada y la anclaron en el idioma hablado por ellos antes del edicto real:

> En la historia del judeo-español se entrecruzan tiempos y naciones en los que una comunidad, sin proponerse un programa de resistencia, lo siguió hablando y transmitiendo a los suyos en forma continua durante quinientos años. El judeo-español no nació en la España donde convivieron árabes, cristianos y judíos durante ocho siglos, sino en el momento de su separación de la península. Fue ahí, en ese exilio, cuando el castellano del siglo XV que hablaban los judíos tuvo sus primeros contactos con las lenguas de las distintas patrias por donde se estableció la comunidad. (*Tela* 46–7)

Este contexto histórico ayuda a explicar una de las razones principales por las cuales Moscona escogió este significativo título en ladino para su novela, el cual forma parte de un refrán sefardí incluido en uno de los cinco prefacios que enmarcan este texto y cuya traducción se provee ahí mismo: "*El meoyo del ombre es tela de sevoya.* / (La fragilidad humana es como la tela de cebolla.)" (*Tela*, Moscona 10). El provisorio periodo de vida de los humanos es enunciado por Moscona en ese idioma ancestral para puntualizar sus orígenes. Ella usa códigos culturales reconocidos por un lector avezado en estos, quien se identifica con los judíos sefarditas, pero al mismo tiempo también se dirige a un lector hablante del español contemporáneo que desconoce determinados hechos históricos y tradiciones culturales. A este último le provee muy pocas traducciones, únicamente cuando el vocablo del judeoespañol es muy distinto a aquel usado en el español actual.

Asimismo, en la portada de esta novela ocupa un lugar central una fotografía en blanco y negro de una familia que representa tres generaciones. De acuerdo a la ropa que llevan puesta las cinco personas que posan sentadas sobre unas rocas al lado de un riachuelo, dicha imagen fue tomada en las primeras décadas del siglo XX. Esta sugerente imagen, así como también la utilización de los códigos lingüísticos del judeoespañol a partir del mismo título revelan el deseo de la autora por darle visibilidad a los sujetos marginales como los hebreos. Por consiguiente, con la inclusión del otro judío en su discurso literario, Moscona está socavando las construcciones identitarias homogeneizantes del mestizaje indígena/español propagadas por el discurso hegemónico en México. En ese sentido, está claro que Myriam Moscona plantea que los judíos sefarditas resignifican la noción de identidad monolítica construida por cada estado-nación en el que se han asentado las diversas comunidades hebreas. En particular, ella reclama un espacio propio en la tradición literaria, al tiempo que inscribe la identidad nepántlica sefardita de la que ella es heredera en la historia mexicana. De este modo, se puede asegurar que lo que ella intenta es legitimar la presencia de los hebreos dentro de la cultura dominante en su país natal y, por ende, en el mundo globalizado actual.

Para analizar cómo se deconstruyen las clasificaciones esencialistas de identidad en este texto híbrido de Moscona, se hace necesario referirse a los planteamientos teóricos que Benedict Anderson elabora sobre la nación, a la cual define como "una comunidad política imaginada como inherentemente limitada y soberana" (23). Es decir, la nación se considera como un constructo social elaborado por medio de un conjunto de emblemas, ritos y mecanismos discursivos con los que se pretende promover una imagen homogénea de los colectivos humanos que la habitan; ello a pesar de la imposibilidad de que todos estos individuos que la integran lleguen a conocerse entre sí (Anderson 23). Este emblemático análisis de Anderson sobre lo imaginario como componente primordial de la nación, es incorporado y adaptado por Néstor García Canclini a su propia aproximación teórica expuesta en su libro *La globalización imaginada*. De esa manera y así como la nación es vista como un constructo social, la "globalización se presenta como un conjunto de procesos de homogeneización y, a la vez, de fraccionamiento articulado del mundo, que reordenan las diferencias y las desigualdades sin suprimirlas" (49). Del mismo modo como ocurre con la interacción (o la falta de ella) entre los grupos humanos que forman una nación, agrega Canclini, "No todos los habitantes de la aldea global podrán conocer a todos los otros, así como también habrá quienes no se puedan jamás incorporar a las redes globales. (65).

En concomitancia con las anteriores reformulaciones teóricas, vale la pena remitirse a aquellas realizadas por Anthony Giddens, quien acertadamente observa que, con el advenimiento de la modernidad, se produce una separación entre el tiempo y el espacio; por lo que el lugar (o "place") pasa a ser identificado con lo local, es decir, con el lugar físico o geográfico donde se realizan las actividades sociales, mientras que el espacio (o "place") se transforma en algo intangible o *fantasmagórico* debido a las influencias e interacciones sociales ubicadas a enormes distancias del lugar. Puede asegurarse entonces que lo local está estructurado no solo a partir de lo que está presente en el lugar, sino también de aquellas relaciones a distancia que se ocultan detrás de esa "forma visible" (Giddens 18–19). De acuerdo a este sociólogo inglés, por ende, la globalización puede ser definida como "the intensification of worldwide social relations which link distant localities in such a way that local happenings are shaped by events occurring many miles away and vice versa" (Giddens 64).

El pensamiento crítico de Giddens es utilizado por Luis Fernando Marín Ardila para sustentar sus argumentaciones sobre la complejidad del proceso de globalización. Él puntualiza que, en el mundo globalizado actual, la tecnología moderna ha sido una herramienta clave para el intercambio de conocimientos culturales, ideas, información, etc., que trasciende las fronteras nacionales de manera instantánea, modificando los vínculos espaciales-temporales. La complejidad de este fenómeno cultural, económico, social y político de la globalización lo explica Marín Ardila de la siguiente manera:

> [A]l tiempo tradicional se le yuxtapone o se le integra el tiempo moderno: al tiempo presente se le adiciona o combina el pasado, se integran, en urdimbres tupidas, múltiples memorias… Esta simultaneidad de lo no simultáneo, también, se puede ejemplificar con la coexistencia y compenetración de tiempos premodernos, modernos y posmodernos, por ejemplo, en las culturas contemporáneas híbridas donde se entretejen lo rural, lo urbano, lo popular, lo masivo, las culturas de la oralidad con las de la escrituralidad y la audiovisualidad". (526–7)

Las conceptualizaciones sobre la globalización aquí expuestas sirven para evidenciar cómo en *Tela de sevoya* se problematiza y subvierte la noción de identidad monolítica – y por ende la imagen homogénea– promovida por el discurso hegemónico en cada estado-nación; el mismo que opera a nivel global. La afirmación previa se sustenta, en especial, cuando en la novela de Moscona se narra la forma en que interactúan por el ciberespacio varios internautas judíos sefarditas localizados en varios puntos del planeta, deseosos de interactuar e intercambiar múltiples códigos culturales y lingüísticos entre sí. Por ejemplo, uno de los fragmentos titulados *Pisapapeles* comienza así: "A pesar de que los hablantes de la lengua judeo-española se han reducido dramáticamente en los últimos cincuenta años, llama la atención que exista en la actualidad, de forma viva y constante, una cadena de internautas que se comunica a través de *Ladinokomunita*: un espacio que sólo admite participantes capaces de expresarse en judeo-español. El foro cuenta con cerca de mil inscritos" (*Tela* 196). Retomando las palabras de Marín Ardila, aquí se presenta una "simultaneidad de lo no simultáneo", puesto que una lengua antigua como la judeoespañola, la cual era tradicionalmente practicada de forma oral, sobrevive con ayuda de la tecnología más avanzada del mundo actual, de manera escrita en el espacio electrónico. Esta conexión colectiva facilita el intercambio cultural entre internautas bilingües o políglotas, quienes a su vez tienen distintas nacionalidades y residen en distintos puntos geográficos del globo terrestre. La narradora de *Tela de sevoya* también intuye la complejidad de esta alternancia de diversos tiempos y espacios, por eso afirma que: "La forma en que alguien se despide hoy, usando una lengua con giros del siglo XV en el siglo XXI, a través de un foro en judeo-español no deja de guardar una involuntaria paradoja" (*Tela* 197).

De igual manera, en una de las varias viñetas tituladas "Distancia de foco" se presentan las complejidades de la globalización, con su consabida simultaneidad y alternancia de tiempos y espacios, por medio del personaje de Esther Benaroya, la abuela de la protagonista. Ella representa a una mujer mayor nacida en

Ucrania, cuya lengua materna es el judeoespañol y que vive en un país otrora desconocido para ella llamado México. Este personaje subversivo mantiene viva su herencia lingüística y cultural, misma que pone en práctica más allá de su entorno familiar, sin importarle la época ni el contexto geográfico en el que radica. Esto se puede constatar cuando la abuela de la protagonista acude a una tienda departamental para comprar unos pasadores que controlen sus rebeldes rizos dando por sentado que su propio lenguaje le será suficiente para comunicarse con la gente que habla el español contemporáneo. Al llegar ahí, amablemente le indica a la empleada lo que busca: "– *Senyorita, kero merkar unas firketas para los kaveyos*". Al no compartir los mismos registros lingüísticos con la empleada, la abuela intenta darse a entender usando un vocablo altisonante mexicano que ha sido adoptado/adaptado por ella, "chingadera", unido al diminutivo correspondiente a su lengua materna "ika", para intentar comunicarse con la asombrada mujer: "– *Kero unas chingaderikas, bre*". Tras lo cual:

> La empleada se sonroja y va disparada en busca del gerente. Esther Benaroya sale con un empaque de cartón lleno de pasadores con punta engomada. La hace feliz desesperar a la gente. Ya se le ha dicho que la palabra "chingadera" es una majadería en ese país, pero ella no se inmuta. Es su forma de decir "*agora avlo vuestro espanyol komo lo avlash vosotros en la Espanya i en Meksiko*". Unos se escandalizan, otros la ignoran o se carcajean ante sus chifladuras". (*Tela* 11–2)

Por lo tanto, la abuela ejemplifica a una identidad nepántlica porque metafóricamente se encuentra en ese lugar de "en medio" – de fusión y transición – desde el cual transgrede el fundacional imaginario nacional. Aunque se vea en la necesidad de negociar y apropiarse de vocablos usados por el discurso dominante, esta subjetividad disidente exalta sus raíces étnicas al continuar usando los registros lingüísticos de sus antepasados. De la misma manera, resiste la condición de sujeto colonizado al legitimar la presencia del otro judío en el imaginario colectivo, pretendidamente homogéneo, de la nación mexicana. Por consiguiente, por medio de este personaje transgresor se está proponiendo que la hibridez lingüística —así como la étnica, racial y cultural—, es otro de los varios rasgos distintivos del ser mexicano.

En lo que se refiere a la segunda novela de Sara Levi Calderón, *Vida y peripecias de una buena hija de familia*, puede afirmarse que en esta también se representa una subjetividad nepántlica que comparte muchas similitudes con la identidad de la autora. Sara, la protagonista: es una escritora judía-askenazí-ucraniana-mexicana-americana que, además de ser políglota (habla yiddish, español e inglés), es lesbiana. Así, este personaje se reconfigura como una mujer posicionada en los márgenes, geográficos, lingüísticos y genéricos, que adquiere conciencia política a partir de sus experiencias como escritora autoexiliada en los Estados Unidos. Ese reencuentro con su yo íntimo por medio de la escritura, le ayuda a comprender la importancia de participar activamente en la defensa de la comunidad *queer* en San Francisco, California y, más tarde, de la colectividad morelense de Tepoztlán. De ahí que, en retrospectiva, ella asevere: "Como mujer, como lesbiana y como judía me la pasé luchando por mis derechos, y por los de otras personas en condiciones similares" (147).

La trayectoria literaria de Sara Levi Calderón es limitada, puesto que antes de la publicación de su segunda novela analizada en este estudio, solo había publicado *Dos mujeres* (1990), con su respectiva traducción al inglés, *The Two Mujeres* (1991). Cabe señalar, sin embargo, que el éxito de sus memorias ha sido suficiente para darle renombre tanto a nivel nacional como internacional. En especial, debe precisarse: "junto con la novela *Amora* de Rosamaría Roffiel, y la colección de poemas titulada *Lunas* de Sabina Berman, este texto [primigenio de Levi Calderón] se ha insertado dentro de la tradición literaria mexicana buscando despertar una nueva conciencia revisionista que ayude a mejorar la posición de la mujer en la sociedad" (Pérez-Anzaldo 136).

Vida y peripecias puede ser considerada como la saga de su primera novela autobiográfica escrita en español 25 años antes, *Dos mujeres*. Lo problemático es que este nuevo trabajo creativo no puede ser clasificado fácilmente debido a los varios artilugios narrativos utilizados por la autora, entre los que destaca la modificación de los nombres propios de todos los personajes. Es preciso destacar que, en la primera novela, las protagonistas son Valeria y Genovesa, mientras que en *Vida y peripecias* sus nombres se transforman en Sara y Grecia. Sin embargo, tampoco se puede asegurar que hay un rompimiento total con la secuencia entre ambos textos, a pesar del cambio de nombres ya referido. Es decir, que aquí subyace la idea de que es el lector quien debe de decidir si quiere leer este nuevo trabajo creativo de forma autónoma, o si prefiere leerlo como la continuación del anterior. Para complicar aún más las cosas, la autonomía de esta historia metaficcional es difícil de sustentar, en tanto que son frecuentes las evocaciones al proceso de elaboración, promoción y posterior traducción al inglés de *Dos mujeres*, con las cuales se refuerzan las asociaciones entre ambas novelas de Levi Calderón.

Específicamente, en *Vida y peripecias*, persiste una estratagema literaria con la que de forma paralela se crean múltiples niveles de referencialidad y temporalidad, dado que la narradora homodiegética (en consonancia con el concepto desarrollado por Genette) es, además, la protagonista y comparte el nombre que la autora ha usado para encubrir su verdadera identidad, Sara. En este punto, es preciso recuperar la razón por la cual la escritora decidió usar dicho pseudónimo después del amplio éxito comercial que tuviera *Dos mujeres*:

> Sara Levi Calderón es un nombre literario, la escritora proviene de una familia judía muy reconocida en el país y se cambió el nombre pensando que de esa manera nadie sabría que ella lo habría escrito… Sin embargo, cambiar su nombre no fue suficiente. Su familia se enteró y se escandalizó por la carga de erotismo en su novela. La homofobia golpeó fuertemente a la escritora. Sara Levi fue desheredada, sus padres no quisieron volver a hablarle y sus propios hijos la corrieron de la casa donde vivía, que era además de su propiedad. (Barrera 1)

Dentro de este contexto, destaca la reapropiación que Levi Calderón hace de este emblemático nombre hebreo en su segunda novela. Es como si de esa forma, ella pretendiera reconfigurarse en esa otra Sara, la narradora/protagonista de su historia narrativa fragmentada, quien representa a una mujer de más de sesenta y cinco años. Al igual que ocurre con la escritora, su personaje tiene un nombre propio doble – uno judío y otro oficial – y también busca reafirmarse a sí misma a través del proceso escritural. Asimismo, dentro del universo simbólico de *Vida y peripecias*, hay otra subjetividad híbrida quien, a su vez, puede ser considerada el *alter ego* de la protagonista: Sara Cruz "nació en Ucrania, creció como gringa, pero era mexicana de corazón" (79). Ella es una astróloga, adivina, madre y curandera conocida en Tepoztlán como la Bruja Blanca que después de morir de cáncer le transfiere a su homónima un conocimiento ancestral subalterno, así como también le deja la responsabilidad de cuidar a su hija, su casa y a toda la comunidad tepozteca. Por consiguiente, Sara la protagonista lesbiana reemplaza a la también multicultural Bruja Blanca y se transforma en la guía espiritual de un pueblo originario abierto a la globalización: "la gente que quedaba de tiempos de Sara, cuando se enteró que me llamaba como ella, empezó a decir que yo era su reencarnación. El espíritu de la astróloga seguía vivo en ese mundo de brujas buenas" (149). En ese sentido, puede afirmarse que la escritora, al proyectarse duplicando su nombre en las otras dos Saras –la narradora/protagonista y la Bruja Blanca–, intenta rearticular significados heterogéneos en torno a su propia conceptualización identitaria; puesto que todas estas entidades transfronterizas fluctúan y se desplazan entre diversos referentes culturales.

Por otro lado, es interesante advertir que, mediante sus introspecciones personales, la narradora homodiegética reconstruye una serie de historias individuales y colectivas que después entrelaza con el supuesto presente en el que se lleva a cabo la escritura de este contradiscurso. De esta manera, se difuminan los límites entre las dicotomías excluyentes de ficción y realidad, dado que las alusiones a fechas históricas y lugares precisos coincidentes con la vida de la autora convergen con aquellos eventos ficcionalizados por ella, sin que haya una demarcación clara entre unos y otros. De ahí que tengan especial trascendencia las palabras de la misma Levi Calderón, quien ha catalogado *Vida y peripecias* como "una novela autobiográfica [o una] autoficción" (Levi Calderón, *Laberinto* 4). Efectivamente, debido al empleo de los artificios literarios antes señalados, esta novela está más próxima a la autoficción; concepto surgido en la literatura francesa con la publicación de la novela *Fils* (1977) de Serge Doubrovsky, cuya definición es la siguiente:

> [U]n subgénero híbrido o intermedio que comparte características de la autobiografía y de la novela. En ellas se alteran las claves de los géneros autobiográfico y novelesco y el pacto se concibe como el soporte de un juego literario en el que se afirman simultáneamente las posibilidades de leer un texto como ficción y como realidad autobiográfica… en la autoficción, a diferencia de la autobiografía, hay una potenciación de los mecanismos del recuerdo en detrimento del carácter sistemático y organizativo de la memoria; y que es esto justamente lo que permite la entrada de la ficción en el relato de la propia vida". (Musitano 104–5)

Desde esta óptica, llama la atención que en *Vida y peripecias* los pasajes de erotismo, que por cierto fueron una constante en *Dos mujeres* y causaron un gran impacto entre el público receptor tanto mexicano como estadounidense de los años noventa, están todavía presentes, pero ya no ocupan un lugar central. Lo que aquí predomina es la profusión de episodios más intimistas donde el *leitmotiv* es la muerte. Inicialmente, la protagonista, sufre el deceso de su mejor amigo Tedi, un homosexual estadounidense, quien le ayuda a ser reconocida en el extranjero publicitando su novela *Dos mujeres* traducida al inglés. Unos años después se entera de la muerte de Sara, la Bruja Blanca, quien le había pronosticado un futuro promisorio. Posteriormente fallecen tres de los miembros de su familia nuclear: su padre, madre y único hermano.

Cabe enfatizar que, en esta emisión representacional, la protagonista Sara configura a una mujer experimentada que usa su palabra literaria para analizar momentos relevantes en su vida, como lo es aquel episodio en el que sale a la escena pública como una identidad lésbica desafiando los parámetros heteronormativos imperantes en las sociedades mexicana y judía. Su proceso de escritura – profetizado por la otra Sara, la Bruja Blanca – le sirve para realizar un (re)conocimiento íntimo que, a su vez, le motiva a posicionarse como un sujeto desestabilizador en ambos lados de la frontera: no solo traspasa sin documentos legales la división geográfica que divide México y Estados Unidos, sino que también subvierte la imagen étnica, heterosexual y racialmente homogénea generada por la ideología nacionalista de ambos países. De ahí que Sara se sitúe en

Nepantla, ese espacio liminal que Gloria Anzaldúa asocia metafóricamente con los puentes porque son los medios a través de los cuales podemos conectarnos con otras culturas y, por esa razón, evocan un proceso de simultaneidad. En ese sentido, explica esta teórica chicana, los puentes son los símbolos por antonomasia de la adquisición de nuestra consciencia:

> Bridges span liminal (threshold) spaces between words, spaces I call nepantla, a Nahuatl word meaning tierra entre medio. Transformations occur in this in-between space, an unstable, unpredictable, precarious, always-in-transition space lacking clear boundaries. Nepantla es tierra desconocida, and living in this liminal zone means being in a constant state of displacement – an uncomfortable, even alarming feeling. Most of us dwell in nepantla so much of the time it's become a sort of "home." (*This bridge* 1)

Específicamente, en esta autoficción de Levi Calderón, abundan los ejemplos que dan cuenta de que la protagonista prefigura una identidad inasequible y fluctuante – nepántlica – puesto que la gente que la conoce por primera vez, no logra precisar su origen fácilmente: en especial, porque su apariencia física no se apega al modelo mestizo propagado por el discurso hegemónico en México, como tampoco corresponde al constructo racial de la ideología dominante en los Estados Unidos. Ni siquiera ella misma encuentra una definición fija que se ajuste a su propia conceptualización, debido a que a veces se siente mexicana y en otras ocasiones tiene muchas dudas sobre su pertenencia a una nacionalidad específica. A continuación, se retoman pasajes claves en la narración que fundamentan las aseveraciones previas: en California, Sara y Grecia recorren varias clínicas médicas en busca de un doctor. En una de ellas, encuentran a un recepcionista latino que, intrigado por su apariencia física y porque hablan en español, les pregunta cuál es su origen. Después de que ambas se identifican como mexicanas, él reacciona así: "mirándonos de arriba abajo opinó que no parecíamos mexicanas". Deseosa de reafirmar su mexicanidad, Sara agrega: " – Somos como el chile guajillo – dije para sacarlo de dudas" (*Vida y peripecias* 99).

En otra ocasión, su amigo Tedy, estando ya en su lecho de muerte, hace eco del discurso de la cultura dominante en su país al enfatizar la otredad de Sara en la siguiente frase: "Los gringos tenemos la costumbre de celebrar la vida de nuestros muertos y no la muerte, como ustedes los mexicanos" (*Vida y peripecias* 104). Ella, sin embargo, se desmarca de esta última clasificación sobre su origen aseverando: "Yo acepté que el concepto de amar la muerte no lo entendía. – No sabría decirte si en eso soy más judía que mexicana" (*Vida y peripecias* 104). Por otro lado, cuando Sara regresa temporalmente a la ciudad de México para asistir al funeral de su padre, se reinserta una vez más como parte de la colectividad mexicana: "Sin ninguna dificultad adquirí esa lucidez picosita tan mexicana que *nos caracteriza*" (*Vida y peripecias*. El énfasis es mío 33). Sin embargo, al sentirse otrorizada y rechazada por los miembros de su familia y de su comunidad judía askenazí, ella se distancia de la categoría nacional y de la clase social a la que ellos pertenecen manifestando categóricamente: "Yo ya estaba muy lejos de ese mundo burgués y me sentía como extranjera en un país donde se habla un idioma extraño" (*Vida y peripecias* 125–6).

La posibilidad de negociar con sus identidades heterogéneas se acentúa aún más cuando la protagonista decide regresar definitivamente a México, país al que denomina como "la patria grande" (*Vida y peripecias* 139). El desplazamiento geográfico que la protagonista experimenta, primero cuando sale autoexiliada de su país de origen y, después, cuando abandona voluntariamente los Estados Unidos, le permiten adquirir una conciencia transfronteriza – o "atravesada" como la definiría Gloria Anzaldúa –, en tanto que es una subjetividad que fluctúa en un lugar intermedio, de transición. De ahí que ella afirme: "Viviendo en San Francisco no me daba cuenta de lo mucho que se había transformado mi mundo interior; y tampoco notaba que había ido perdiendo algo de mi mexicanidad" (*Vida y peripecias* 147). Después de haber vivido en una nación extranjera donde el inglés es el idioma dominante, Sara comienza un nuevo proceso de revaloración y autodefinición que se asemeja al que experimentan otros sujetos transfronterizos como ella:

> Independientemente de las razones que tuvieron para abandonar el país donde nacieron, todos los individuos desplazados… se encuentran en los márgenes, en la periferia: entre el ser y el no ser o en el pertenecer o no al grupo social en que se vive. Es así como se convierten en Otros, en los sujetos desestabilizadores que cuestionan las esencias identitarias propagadas por el discurso hegemónico… [L]os sujetos desplazados se ven forzados a asimilarse a otra(s) cultura(s), pero sin abandonar del todo su relación con el lugar de origen, lo cual es causa de conflictos y yuxtaposiciones". (Pérez-Anzaldo 11)

Es solo después de haber experimentado en carne propia ese doble desarraigo físico que Sara llega a comprender la experiencia de otredad vivida por sus padres judíos-ucranianos-mexicanos. Como sujetos refugiados en un país desconocido para ellos, aprendieron el idioma español y adoptaron algunas costumbres culturales; sin embargo, nunca dejaron de ser identificados como extranjeros. Por medio de la introspección, ella logra revalorar la experiencia del exilio y diáspora judía que ella comparte con sus progenitores, tal y como se ejemplifica en el siguiente pasaje:

> Estando [en Estados Unidos] no me percaté con claridad de lo que entraña perder el idioma: con él pierdes el sentido del humor. Eso era el exilio. Sin darme cuenta, había dejado que se fuera imponiendo una manera de pensar que no era la mía. Vivir en el

> extranjero fue como un lapso de memoria. "¿Así habrá sido para mis papás también?", me pregunté pensando en ellos. Yo los veía tan mexicanos como el chile, y sin embargo nadie los reconocía como mexicanos. Siempre fueron los judíos. (*Vida y peripecias* 148)

Cabe enfatizar que en *Vida y peripecias* se promueve la noción de un país multicultural. En particular, cuando se alude a las olas migratorias ocurridas en las primeras tres décadas del siglo XX, se hace énfasis en la coexistencia que se produjo entre los exiliados llegados de distintas latitudes de la aldea global y los mexicanos hablantes del español. De esta manera, en este discurso disidente escrito por Sara Levi Calderón, al igual que ocurre en la novela de Myriam Moscona analizada en este ensayo, se deconstruyen las clasificaciones esencialistas de identidad nacional – esa comunidad imaginada referida por Benedict Anderson – puesto que se representa un colectivo de sujetos heterogéneos interactuando en el mismo espacio geográfico y rehaciendo otra historia paralela a la oficial. Esto se evidencia en el pasaje cuando Sara le pregunta a su tía cómo vivían las comunidades judías en las primeras tres décadas del siglo XX, en un país donde ni siquiera se hablaba el mismo idioma que ellos, y esta le explica lo siguiente:

> Todos vivíamos alrededor de la calle de Soledad, cerca de Moneda y de Justo Sierra, Chile, Perú, República del Salvador. Esa zona estaba llena de judíos, de árabes y de españoles. Todos nos parecíamos un poco, y coincidíamos en que éramos bien pobres. Cada grupo, cada nacionalidad tenía su religión propia. Para los vecinos, que ya estaban asentados cuando llegamos, todos éramos igualitos: no había diferencia. Pero con el tiempo nos fueron distinguiendo. (*Vida y peripecias* 172)

En ese sentido, la presencia de estos diversos grupos resignifica lo que es el ser mexicano. Como se percibe en la cita antes referida, las diferencias culturales y religiosas entre estas comunidades de origen extranjero refuerzan la idea de que los sujetos liminales como los aquí descritos negocian con sus variadas identidades para sobrevivir. De esta manera, este discurso autoficcional se contrapone al imaginario de la identidad nacional como una categoría estática – el mexicano como producto del binomio indígena/español – que el discurso hegemónico promueve.

Por otro lado, la globalización también está presente como tema a lo largo de *Vida y peripecias*, no solo en relación al tránsito, interacción y mestizaje (tanto racial como cultural) de los distintos colectivos humanos en México y en el mundo en general, sino también en referencia a la producción de múltiples mercancías, artefactos y conocimientos culturales que se exportan y consumen en varios puntos del planeta. El siguiente ejemplo sustenta la aserción previa: como lo afirma la protagonista, al llegar a los Estados Unidos con el fin de traducir y publicitar su primera novela, ella y Grecia sobreviven vendiendo medicamentos caseros hechos con hierbas cosechadas por las comunidades indígenas en Tepoztlán, México, "Quién se hubiera podido imaginar que con esas plantitas y con los bacilos del vinagre, Grecia y yo nos mantendríamos durante la primera época de nuestro exilio" (*Vida y peripecias* 81). Lo interesante es que dichos remedios naturales son preparados y envasados por Sara Cruz, la Bruja Blanca, quien como ya se mencionó anteriormente, era ucraniana, criada y educada en New Jersey, Estados Unidos, pero se consideraba a sí misma como mexicana (*Vida y peripecias* 79).

En este punto, cabe referirse nuevamente a los planteamientos teóricos de Giddens – y retomados por Luis Fernando Marín Ardila – en el sentido de que la globalización ha modificado los vínculos espaciales-temporales. En *Vida y peripecias*, dicha complejidad de la globalización se percibe cuando Sara y Marina viajan por avión a Frankfurt para presentar el libro *Las Brujas de Malinalco*, donde se narra no únicamente la historia de vida de Sara Cruz, sino que también se reproducen de forma impresa las recetas de todos esos remedios hechos a base de hierbas que a ella le transmitieron las mujeres indígenas tepoztecas a través de la oralidad. Es decir, que en esta narrativa contestataria también se expone la simultaneidad de tiempos en un mismo espacio: en la Alemania moderna se lee un libro sobre las tradiciones y conocimientos indígenas, los cuales han sido transmitidos por generaciones de manera oral, escrito por una mujer blanca nacida en un país europeo, quien significativamente configura una subjetividad nepántlica.

En efecto, en esta novela de Sara Levi-Calderón se promueve la noción de multiculturalidad al plantear que con la ayuda de la tecnología se producen las siguientes coexistencias: de tiempos (conocimiento ancestral indígena inmerso en el contexto actual), de espacios geográficos (México y Alemania), de formas de comunicación (oralidad versus escritura) y de razas, etnias y culturas. No resulta fortuito que, en la siguiente cita textual, sea Sara la que reflexione sobre esta complejidad propia de la globalización. Además de señalar la proliferación de signos que emanan de la figura de Marina, este personaje femenino desestabilizador se apropia del adjetivo posesivo "nuestra" para aludir a su propia identidad dinámicamente estructurada. Así, Sara se posiciona en un espacio transfronterizo simbólico cuando afirma:

> Marina resultó la perfecta hija de su madre. Lejos de su mundo pueblerino aparecía como una persona diferente e indescifrable: entre artista, mística y mujer de campo. Me hacía gracia que los europeos creyeran que era hija de una mujer indígena cuando Sara Cruz era de familia ucraniana casada con un mexicano nada indígena. Era difícil

> explicar a quienes no conocían *nuestra* tierra más que a través de las telenovelas, que en México tenemos una enorme abundancia de colores y sabores como en cualquier nación cosmopolita. (*Vida y peripecias*. El énfasis es mío, 131)

Es importante puntualizar que la comercialización transnacional de la sabiduría indígena, que le fuera heredada a la Bruja Blanca, termina por redituarle grandes dividendos económicos a la asociación formada por Marina, Sara y los hijos de esta última. En particular, Sara se erige como la benefactora de esta comunidad del Estado de Morelos, puesto que invierte el dinero que sus hijos le compartieron (de la fortuna familiar) en la construcción de una clínica de masajes y relajamiento; con cuyas ganancias financia la educación de los hijos de las familias indígenas de dicha región. Por lo tanto, este personaje subversivo se reintegra a un pueblo originario que la acoge como miembro de su colectividad – a pesar de considerarla como gringa – y es así como ella se autoafirma en su propia diversidad cultural. Cabe señalar que es evidente que la intención de la escritora, en esta emisión representacional, es otorgarle características en extremo positivas a su protagonista (casi de un ser supremo); puesto que tal y como lo vaticinara su antecesora, la Bruja Blanca, no solo se reconfigura como una mujer generosa que administra los bienes materiales comunitarios de Tepoztlán, sino sobre todo como una guía espiritual con una fuerza creadora enquistada en la palabra literaria.

Como se ha intentado demostrar en este estudio, tanto *Tela de sevoya* de Myriam Moscona como *Vida y peripecias de una buena hija de familia* de Sara Levi Calderón son dos narrativas contestatarias donde se representan subjetividades nepántlicas con las que se socavan las prescripciones estáticas identitarias. Ambas protagonistas tienen en común el formar parte de la segunda generación de judíos en México, el ser escritoras y el tener la posibilidad de realizar viajes al extranjero con los que intentan redescubrir y reafirmar sus orígenes. Así, por medio de la escritura y de los desplazamientos geográficos, estos personajes femeninos (re)construyen la memoria individual y, al hacerlo, revelan cómo la conciencia de un mismo sujeto puede oscilar en un espacio intermedio o liminal desde donde negocia siempre transitoriamente distintas identidades. Al reflexionar sobre las condiciones actuales de las múltiples comunidades judías dispersas en el mundo, las protagonistas corroboran que la globalización es un fenómeno que afecta directamente la comunicación/interacción entre sus miembros y la manera en que cada uno de ellos adopta/adapta los diversos registros culturales que le rodean. Es imprescindible señalar, además, que en estas dos novelas subyace la intención de exponer aquellos eventos históricos que tuvieron un fuerte impacto en los sujetos pertenecientes a la diáspora judía y, en especial, exaltar la presencia del Otro judío que recurrentemente ha sido invisibilizado por el discurso hegemónico y que, sin embargo, forma parte de la nación mexicana.

Bibliografía

Anderson, Benedict. *Comunidades imaginadas. Reflexiones sobre el origen y la difusión del nacionalismo*. México: Fondo de Cultura Económica, 1993.

Anzaldúa, Gloria. "Border Arte. Nepantla, el Lugar de la Frontera". Keating, Ana Louise, ed. *The Gloria Anzaldúa Reader*. Durham y Londres: Duke University Press, 2009.

Anzaldúa, Gloria (Un)natural Bridges, (Un)Safe Spaces." Anzaldúa, Gloria E. and Keating, Analouise, ed. *This Bridge We Call Home*. Nueva York y Londres: Routledge, 2002.

Alpert, Rebecca. *Like Bread on the Seder Place. Jewish Lesbians and the Transformation of Tradition*. Nueva York: Columbia University Press, 1997.

Balka, Christie y Rose, Andy, eds. *Twice Blessed. On Being Lesbian, Gay, and Jewish*. Boston: Beacon Press, 1989.

Barrera, Ámbar. "Sara Levi Calderón, el atrevimiento de escribir sobre el amor entre mujeres". *Las mujeres en el arte. Testimonios de creadoras contemporáneas*. 2016. https://ladobe.com.mx/2016/04/sara-levi-calderon-el-atrevimiento-de-escribir-sobre-el-amor-entre-mujeres/. Último acceso 20 Jul. 2019.

García Canclini, Néstor. *La globalización imaginada*. Buenos Aires: Paidós, 1999.

Giddens, Anthony. *The Consequences of Modernity*. California: Stanford University Press, 1990.

Levi Calderón, Sara. *Vida y peripecias de una buena hija de familia*. México: Voces en tinta, 2015.

Lockhart, Darrell B. "The Semiotics of Djudeo-Espanyol in Recent Works by Myriam Moscona." *iMex. La experiencia judía en México*. 7(14), 2018. pp. 110–121. https://www.imex-revista.com/en/xiv-semiotics-myriam-moscona/. Último acceso 25 Jun 2019.

Martín Ardila, Luis Fernando. "Las fuentes de la globalización: capitalismo y comunicación". *Papel Político*. Colombia: Pontificia Universidad Javeriana, 17(2). 2012, pp. 523–48

Moscona, Myriam. "La caja china o el ser judío: un testimonio". *Humanismo y cultura judía*. Comité Unido Tribuna Israelita. Universidad Nacional Autónoma de México. Coordinación de Difusión Cultural, 1999, pp. 107–9.

Moscona, Myriam *Tela de sevoya*. México: Lumen, 2014.

Musitano, Julia. "La autoficción: una aproximación teórica. Entre la retórica de la memoria y la escritura de los recuerdos." *Acta literaria* 52, 2106, pp. 103–123. https://scielo.conicyt.cl/scielo.php?script=sci_arttext&pid=S0717684820160001000006

Pérez-Anzaldo, Guadalupe. *Memorias pluridimensionales en la narrativa mexicana. Las mujeres judíomexicanas cuentan sus historias*. México: Eón/The University at El Paso, 2009.

Capítulo 7

Cynthia Meléndrez

Con la boca abierta: cuerpos de memorias, sexualidades y deseos

> Escribir de ti, así, sin miedos
> pensar en ti, así, sin pasados
> es como habitar un mar infinito
> donde lo único que queda
> es el cuerpo cubierto de cicatrices
> en tiempos de incoherencias…
> C. Meléndrez, "*Fragmentos de tu mar II*"
>
> "…Ella encontró la puerta
> nadie aparece detrás de su memoria.
> Laura tampoco existe es un fantasma".
> *Odette Alonso "Agenda para olvidos voluntarios"*

Uno de los aspectos relevantes que posibilita la literatura, tanto oral como escrita, es la de poder reflexionar al elucidar lo que se presenta como discurso y memoria en el texto literario. De ese acto comunicativo surge la exigencia de estudiar a la memoria humana a través del cuerpo y discurso femenino. Derivado de ese hecho y para poder entender la complejidad de las dinámicas sociales, sexuales y culturales entre mujeres, la(s) memoria(s) y la(s) narrativa(s) enunciadas desde la escritura y cuerpo femíneo, deben edificarse sobre construcciones genéricas y contextualizarlas dentro de paradigmas sociales, políticos y culturales según donde se edifiquen y coincidan estas ficciones. *Con la boca abierta y otros cuentos* (2017) de Odette Alonso[34], de origen cubano y residente en la Ciudad de México, se confecciona con relatos de distintas mujeres, las cuales están y son conscientes de sus deseos y de sus cuerpos materiales. Ellas son mujeres profesionistas, artistas, trabajadoras, inmigrantes que conviven con otras mujeres en

34 Odette Alonso nació en Santiago de Cuba en 1964. Es poeta, narradora, ensayista y promotora literaria. Reside en México desde 1992. Además de su obra personal, se ha visto publicada recientemente la *Antología de la poesía cubana del exilio* (Premio Cuban Artist Fund, Nueva York; Editorial Aduana Vieja, 2011), de la cual es responsable. Actualmente es editora de la Dirección General de Publicaciones y Fomento Editorial de la Universidad Autónoma de México (Cabezas Miranda 158).

los mundos homoeróticos lésbicos creados por esta escritura. De forma paralela a esta, el cuerpo de la mujer funciona como un lienzo, el cual registra cicatrices del pasado y del presente locus de enunciación de las historias. Estos relatos nos dejan ver una extensa gama de encuentros amorosos, sexuales y violentos entre ellas mismas que logran retratar la cotidianidad que vive la mujer en el mundo globalizado actual.

De este modo, la narrativa literaria de la escritora mantiene la relación de la que habla Huamán Andía, aquella que crea y recrea historias y voces que pertenecen a un pasado y a un presente colectivo. Con esta escritura, la autora, retrata en viñetas los escarnios de que son objeto las mujeres y las mujeres lesbianas. Asimismo, estas narraciones incluyen tanto una memoria individual como colectiva pasada que se extiende al presente de espacios, tiempos y cuerpos que coexisten entre sí. Estos relatos ofrecen variadas representaciones de testimonios diversos y complejos de dos entidades: memoria y cuerpo. De igual modo, el texto nos sitúa atemporalmente en dos espacios geográficos: México y Cuba, lo que a su vez deja entrever una caricia diaspórica de nostalgia. La autora inscribe en su narrativa un conjunto de voces que son y han sido testigos de lo que acaece el cuerpo-objeto femenino en este espacio conector de dos naciones.

De ahí que la construcción de la identidad de la mujer femenina y la identidad de la mujer lesbiana y la mujer *queer* sea un proceso complejo y lleno de vicisitudes que lucha constantemente con la identidad genérica patriarcal. Alfarache indica, "El lesbianismo puede ser un hecho subversivo y de resistencia como forma de reacción y enfrentamiento con el poder" (42). La mujer debe transgredir el sistema hegemónico para visibilizarse y erguirse como un sujeto social individual activo, y establecer su identidad ya sea heterosexual, homosexual o *queer*. Odette Alonso sabe que la mujer, y sobre todo la mujer lesbiana, como ciudadana tiende a ser invisible y lucha contra esta invisibilidad por medio de la escritura. Lo anterior, se observa desde el título mismo del texto *Con la boca abierta*; el cual nos indica que la mujer como sujeto social activo no debe quedarse con la boca cerrada, sino que debe de abrirla y bien. Ella tiene que narrar las memorias que representen a la mujer 'real' de hoy, y de esa manera abrir el espacio donde las mujeres se representen a ellas mismas.

Este texto por ende, se puede percibir como el objeto que conlleva no solo un sinnúmero de testimonios experienciales; sino además, incluye denuncias, cuestionamientos, historias y ficciones donde se refleja, como constante, una preocupación que va en aumento por la situación social, económica y política de la mujer, la mujer *queer* y otros grupos minoritarios.[35] Bethsabé Huamán Andía

---

35 En este estudio hago referencia a la mujer (no autora) como la persona que nace sexuada con genitales femeninos. Además, los grupos minoritarios de los que hablo

explica, "La literatura tiene múltiples implicancias con la realidad –estéticas, lingüísticas, filosóficas –, su relación con la realidad humana y natural es continua y constante, de forma compleja y sutil…" (Huamán 19). La relación que se establece, entonces, entre la realidad humana y el texto es una construcción de hechos verosímiles y ficcionales de la vida, sin llegar a ser la vida misma.

En este estudio examino cómo interactúan las entidades de memoria y cuerpo y de esta manera le dan una resignificación y resistencia vigente al discurso femenino *queer.*[36] Conjuntamente, utilizo el concepto de Gerard Coll-Planas, el cual expresa, "*queer* se presenta como una etiqueta abierta, inclusiva y antiesencialista, que agrupa a personas con un sexo, género o sexualidad no normativos" (Coll-Planas 53), la cita exhibe que tanto el sujeto social como su identidad son conceptos fluidos y conceptos que son modificables como los personajes del texto de Odette Alonso. En este universo creado por Odette Alonso se confrontan los actos performativos sociales de la mujer y de la mujer *queer* con las prácticas sociales tradicionales, y con ello, se logra rasgar la etiqueta de 'otredad' impuesta a la mujer. En relación a esta situación de la mujer, Simone de Beauvoir habla de la idea de la 'otredad' donde el hombre ve a la mujer como el 'otro' y, a la vez, como parte de la naturaleza; siendo, ambas la mujer y la naturaleza objetos de uso y abuso (Beauvoir 144).

Aunado a esto, Huamán Andía declara, "La escritura termina por tanto siendo para Simone el proceso de su propia creación, la de mujer, la de pensadora, la de escritora. En el proceso de dejar de ser una joven formal se vuelve el personaje principal de su guion y una de las protagonistas de la revolución mental del siglo XX…" (25).[37] Y así como Simone la mujer autora, Odette Alonso cuando escribe, recapitula lo que le rodea, lo que ve, lo que siente e inicia su propio recorrido de reflexión y delación. Resulta muy relevante denotar que Odette Alonso reedifica a este sistema binario con nuevos referentes y polaridades por y para la mujer y

---

son los grupos de la comunidad LGBTQII (lesbianas, homosexuales, bisexuales, transgéneros, transexuales, intersexo, *queer*, etc.). En esta comunidad se identifican a sí mismos según su orientación sexual y/o su orientación genérica.

36 Lee Edelman explica "*Queer* en inglés es un insulto homófobo, equivalente a insultos como maricón, bollera, o rarito. Desde hace unas décadas, el término *queer*, ha sido reapropiado por ciertos grupos activistas para designar una posición militante, radical y desafiante al orden heterocentrado, a las identidades esencialistas y a los dispositivos de normalización sexual" (19). En este estudio el término *queer* se utiliza para legitimar las sexualidades no normativas, en particular la sexualidad fluida de las mujeres y de las mujeres *queer*.

37 Tomo la cita de Huamán Andía cuando define lo que es la escritura para Simone de Beauvoir, y hago la comparación con la mujer autora de este estudio.

la mujer lesbiana. El situar a la mujer como el 'otro' es recrear una vez más un sistema binario de opuestos, donde el hombre se sitúa como el ser dominante. Ya no funciona establecer binarios tradicionales que prolonguen el dominio hegemónico que normativiza a la heterosexualidad como la única sexualidad viable, cuando nuestra sociedad está compuesta por discursos, etnias, sexualidades y espacios multipluralizados.[38] Es desde este enfoque que se germina la necesidad de analizar la narrativa de Odette Alonso con el propósito de hacer una introspección analítica desde una perspectiva *queer* incluyente-global contestataria.

Sumado a este proceso de creación, se insiste en *despojar* a las narraciones de las capas que las revisten, para llegar al centro de sus historias y, con ello explorar la discursiva femenina *queer*. La acción de *despojar* al texto conlleva a una exploración auténtica y objetiva de las narrativas; a más de abrir un espacio 'neutral' entre los espacios tradicionales establecidos para la exploración y entendimiento de las interseccionalidades entre cuerpos, memorias y sexualidades disímiles. Intento establecer por medio del *despojo* que los textos son narrados a través de subjetividades nacientes que se presentan de forma diferente a la tradicional, dejando entrever los sucesos sociales, políticos y culturales, como también las prácticas amorosas, que atañen a la mujer y a otras comunidades minoritarias. Esto se logra mediante textos, testimonios, denuncias, autobiografías y/o ficciones; y a su vez, estas narraciones recuperan, visibilizan y naturalizan memorias sociales y personales. Al ir desgranando al texto, se llega al centro de este, el cual está conformado por un cosmos femenino, donde la escritura/subjetividad escrita por la mujer hace referencia al cuerpo, a la sexualidad, a la memoria y al espacio que cohabitan.

Al situar al texto dentro de estos espacios humanos mundiales, se pueden representar las historias de abuso de un pasado histórico en común y las de un hoy moderno. Este espacio textual entonces se percibe como "… un crisol de <criollización, mestizaje e hibridación>; fuera de ese crisol de identidades surgió lo que Roach llamó una <intercultura a lo largo de todo el bote atlántico>" (15). Las narraciones son el 'bote' u 'océano' donde acontecen los procesos de intercambio entre naciones, culturas y sexualidades; y donde, la autora recrea las historias de sus personajes. El texto tiene en particular la relación del narrador y/o narradora, situada fuera de la diégesis, con ciudadanos reales que se desplazan en territorios nacionales y no nacionales, como lo es México y Cuba.

38 Los binarios tradicionales los defino como los sistemas opuestos tradicionales de poder: hombre-mujer, hombre blanco-hombre de color, que han sido estudiados a lo largo del tiempo.

Al hablar de estas naciones cabe mencionar la relación intercontinental entre Europa, África y Latinoamérica debido a la realidad natural que las separa: su historia y el océano; siendo este último, el que acomoda a una identidad plural que se piensa homogénea.

El océano Atlántico es un espacio entre naciones y mares diferentes, donde, concurren historias colectivas e individuales con aproximaciones pluralistas, con herencias religiosas, culturales, sociales, etc.; y donde se germinan relaciones entre historias nacionales y regionales dentro de un contexto atlántico. En estos puntos de encuentros, en el caso del texto Cuba – México, es donde acontece lo que David Armitage indica, "… la importancia fundamental que las historias de diásporas y genocidios en África y las Américas, la del Norte y la del Sur, tuvieron en la creación de la cultura de la modernidad" (14). Y en estos espacios se retratan los actos imaginados y ficcionalizados de los cohabitantes del texto; los cuales, intentan adquirir una agencia que les permita existir y/o sobrevivir de manera 'digna' en la actualidad global.

Hay que escombrar dentro del texto para ir descubriendo a la(s) memoria(s) y a la(s) historia(s) para entender los sucesos acaecidos dentro y fuera de la narrativa. La idea de ver para recordar o de recordar para poder ver es la línea central de la memoria mínima, la memoria borrada, la memoria que no se registra; y es esta memoria la que se hace presente en la narrativa de Odette Alonso. Por medio del registro de la memoria mínima se van recolectando las voces de personas reales, como las madres, las hermanas, las profesionistas, las trabajadoras, entre muchas otras mujeres. Las voces que se dejan leer son la voz de la mujer y las voces de la comunidad *queer*.[39]

La memoria se puede entender como la rememoración y duplicación de actos y tiempos para poder así recrear una identidad común, la cual identifica a comunidades como colectivos y no como sujetos sociales individuales.

Y estas memorias-imágenes las utiliza el sistema dominante tradicional a través de los medios masivos como la televisión, el cine, la radio, para que el consumidor y/o ciudadano social de cierta manera se convenza de que lo que

39 Utilizo el referente de mujer, como el cuerpo que nace sexuado como femenino. Además, defino a la comunidad *queer* como hombres y mujeres que tienen orientaciones sexuales distintas a la normativa. Por ejemplo, el hombre y/o mujer homosexual, el hombre y/o mujer transgénero, el hombre y/o mujer transexual, el hombre y/o mujer intersexo, el hombre y/o mujer que adopta sexualidades fluidas y distintas a la heterosexual y el hombre y/o mujer que no quiere adoptar la sexualidad heterosexual como parte de su identidad y se definen a sí mismos como sujetos *queer* y sujetos sociales diferentes.

ve, es lo que es lo 'apropiado'. La autora rompe con esta 'probidad' y devela un mundo opuesto al normativo. Por ejemplo, en el texto "Un puñado de cenizas", Lolita le dice a Mariana, "No me gusta ella, ni sus actitudes, ni su manera de ser, tan dominante, y tampoco esas chochas y esos pitos que pinta. Esa amistad no te conviene. Tú tienes un prestigio bien ganado que se puede desmoronar en un segundo" (Alonso 39). Lolita representa al sistema dominante que no entiende lo que no obedece a la norma y Mariana es la 'otredad' que no se confina a lo tradicional. Para Mariana esta realidad, la hace enfrentarse a una identidad que no sabe explicar, y es a través de Yanela que se ve a sí misma, Yanela le dice a Mariana, "¡Tortillera y comunista! –Yanela abrió los brazos y elevó la mirada como quien clama al cielo. [...] –No me digas esa palabra tan fea... ¿Comunista? –Yanela dejó escapar una carcajada. –La otra. Yo no soy eso. –¿Ah, no? ¿Y qué eres? ¿Lesbiana? ... –No soy lesbiana, Yanela" (38–39). Para Mariana es fácil aceptar su pasado histórico de dictadura, pero no puede aceptar su identidad sexual. La autora reutiliza el trauma histórico que se proyecta con una naturalidad incoherente, y con ello, enfatiza la ausencia de aceptación a las nuevas identidades, es un llamado a la reflexión, hace falta entender el pasado para poder cohabitar en el presente.

Al mismo tiempo, la narrativa de Odette Alonso se puede entender por medio del *despojo* de la memoria colectiva, *esa* memoria mínima, la cual intenta recuperar la entidad individual de cada ciudadano social y sexual. Alonso, fragmenta los patrones de la heterosexualidad sobrentendida en las sociedades tradicionales, y esto se advierte cuando sus personajes femeninos polemizan sus pensamientos, se cuestionan a sí mismas e intentan liberarse de su papel habitual de 'mujer sumisa'. Ejemplo de ello se observa en el texto "Desde el pasado", donde Odalis recibe un correo electrónico de Marcela, una antigua amiga y su primer amor, la cual le pide reanudar su amistad, esto para Odalis no es viable porque ahora ella tiene una vida 'bien', ya que se ha casado y tiene hijos, empero, en su cabeza revolotean las palabras "*Cómo no iba a recordarte si estás ahí desde mi niñez*" (27) la cita es parte de la letra de la canción de Silvio Rodríguez, y es la que la hace reflexionar de lo que siempre ha sabido sobre su sexualidad, y lo que representa su identidad propia. Sin embargo, decide no acceder al deseo de Marcela y agrega el correo de Marcela a la lista de remitentes bloqueados, "Lo recuerdo todo perfectamente. Cómo no iba a recordarlo... Tiene un nudo en la garganta cuando la flecha se posa sobre la palabra "Aceptar" y presiona el botón izquierdo del mouse" (28).

A pesar de que Odalis no transgrede su condición de mujer 'sumisa', existe una introspección que hace que el personaje se cuestione sobre sus actos, lo que a su vez lleva al lector a cuestionarse lo mismo y, esto, conlleva a repensar el pasado social e histórico, el cual muestra la ausencia de apertura a la inclusión social genérica-sexual. La autora documenta y relata las interacciones de sus personajes, y con ello edifica la memoria mínima de cada uno de ellos; posesionándose así de las voces que buscan encontrar un punto de apoyo en su propio entendimiento de lo que constituye su identidad y su performatividad. En otras palabras, Odalis sabe lo que es y lo que su cuerpo siente, ahora solo falta aceptarlo de manera natural y vivir sin esconderse.

Odette Alonso mantiene una preocupación por establecer y esclarecer la identidad de la mujer, la mujer lesbiana y de los grupos minoritarios que cohabitan los espacios de las urbes mexicanas como cubanas modernas.[40] La identidad de la mujer dentro del territorio nacional se crea de acuerdo a las relaciones entre la condición de ser mujer y la identidad misma de la mujer. Ángela G. Alfarache Lorenzo cita a Marcela Lagarde y explica que la identidad es, "Como un conjunto de dimensiones y procesos dinámicos y dialécticos que se producen en las intersecciones entre las identidades asignadas y la experiencia vivida que expresa la diversidad del sujeto" (Alfarache 23).[41] Si se piensa en esta diversidad del sujeto social, en este caso la mujer lesbiana, podemos decir que se incluye a la mujer en general con todas las posibles ramificaciones que la pudieran definir. Cabe señalar la construcción social de género como un sistema binario que continúa vigente en territorio mexicano y cubano; por lo tanto, la mujer y la mujer de identidades 'diferentes', "[…] viven en una cultura patriarcal, sexista y lesbófoba que las ubica simbólicamente en no-lugares jerarquizados, a través de los cuales son invisibilizadas, negadas y estigmatizadas" (24).

Aunado al desbrozo de la memoria, se debe desmitificar la idea de que el cuerpo de la mujer es una entidad nula y silenciosa carente de deseo sexual dentro de la narrativa. Francesca Gargallo comenta, "Cuando las mujeres escriben desde su placer, para ellas mismas, descongelan una verdad escondida desde hace por lo menos siete siglos…" (Gargallo 9). Si partimos de esta idea, se puede argumentar que las escritoras usan al cuerpo como texto y con ello logran posesionarse de su deseo y sexualidad. Ante esto, Judith Butler indica, "The body is not a static or self-identical phenomenon, but a mode of intentionality, a directional force and mode of desire" (Butler *Reader* 25). La función performativa de los personajes femeninos dentro de las novelas de las mujeres autoras es una forma

40 Me refiero a la mujer como el sujeto social que nace sexuada con genitales femeninos; y describo a los grupos minoritarios como los sujetos de la comunidad LGBTQII.

41 Marcela Lagarde es una académica, antropóloga e investigadora mexicana, representante del feminismo latinoamericano. La cita es de: Identidad *genérica y feminismo*. Instituto de Estudios de la Mujer, Universidad Nacional, Heredia, Costa Rica, 1997.

de identidad y de resistencia. De igual forma, los personajes *queer* creados dentro de la narrativa de Alonso representan las variaciones de las "intencionalidades" de la fórmula autoritaria establecida por el orden patriarcal. El pensamiento del cuerpo como entidad también se puede concebir a través del concepto del *despojo*, al que hay que desnudarlo para liberarlo de un régimen hegemónico, y de esta manera edificar una 'nueva' identidad sexual.

Entonces se puede sugerir al cuerpo como texto, donde este, se posesione de su deseo sexual y de su erotismo, liberando a la sociedad de la normatividad mediante relaciones interpersonales en una 'nueva' memoria mínima que borre la memoria colectiva heterosexual instaurada. Odette Alonso rompe el silencio y expone su sexualidad a la par de que muestra el cuerpo femenino como autónomo y dueño de sí mismo. A lo cual Brianda Domecq menciona,[42] "[…] eso de sensualidad, sexualidad y erotismo ha sido siempre asunto de hombres y de sus cómplices complacientes, las 'malas mujeres'" (40). Debido a esto la mujer que habla de su cuerpo y de su deseo sexual es *la mala mujer* porque se atreve a trasgredir lo establecido; no obstante la etiqueta, la mujer logra despojarse de la subyugación de la cual era y es objeto, y puede vivir libremente. Además, el cuerpo femenino actúa dentro de la narrativa por y para mujeres como el depositario de las emociones, de las violaciones, de los deseos, del erotismo y del placer. Además, la representación de lo femenino se hace por medio de la recuperación del cuerpo *despojado* o desnudo, de su deseo y de su sexualidad. El cuerpo de la mujer, entonces, se convierte en un referente visible y consciente, lo cual se observa en el texto, al narrarse las historias de la mujer y de los grupos minoritarios desde sus propias voces y experiencias. La escritora busca un espacio propio para poseer y recrear una subjetividad 'real' que represente el cuerpo de la mujer, de la mujer lesbiana y de la mujer *queer* de manera autónoma pública y natural.

De esta manera, el acto de escribir desde el cuerpo y desde la memoria individual se puede percibir como un acto de resistencia y posicionamiento. Por ejemplo, el personaje de Yanela, sabe quién es, y acepta su sexualidad lésbica, empero para Odalis y Mariana no es posible esta aceptación por su atadura al dogma patriarcal. Francesca Gargallo explica:

> La literatura feminista se manifiesta como fractura de la sociedad conocida; ya no heroínas del trabajo, del amor, de la familia o de la patria, sino de artistas, amas de casa, campesinas, estudiantes y hasta asesinas, maleantes y traidoras; las personajas de la literatura escrita por mujeres se diversificaron empezando a representar múltiples rostros

42 En su artículo "Puta, Re-puta, Re-puta-ción" (1993).

> y posibilidades de expresión del ser alguien igualmente unificado por la dominación patriarcal, pero lanzado a la manifestación de su diferencia por la liberación femenina. (Gargallo 11)

Lo anterior enuncia la exigencia y búsqueda de las escritoras, que es hablar de y por la mujer actual, ya no se trata de hablar de sistemas de dos unidades o de comparaciones resaltando las características de un grupo definido. Se trata de que la mujer autora autorice a su escritura para fragmentar silencios, estereotipos y tabúes, y de este modo permitir la redención de intrahistorias femeninas dentro de las historias 'oficiales'. Al mismo tiempo, la ficción permite la reescritura y reaprendizaje de realidades y de memorias colectivas antes sepultadas en la indiferencia. El acto de escribir para estas mujeres escritoras es una práctica de escombrar y recuperar voces y memorias que representen una subjetividad femenina moderna y contestataria a los sucesos globales del espacio incoherente en el que coexistimos. Aunado a este discurso femenino, amplifico la existencia del discurso *queer* y el de todas sus inherentes complejidades.

La mujer autora dentro de esta complejidad explora al cuerpo, al deseo y a la sexualidad a través de la fragmentación del poder heteronormativo; el cual, se nos ha impuesto como algo natural. Al enfatizar esa situación opresora en la que se vive, Beatriz Preciado afirma:

> El movimiento "*queer*" es post-homosexual y post-gay. Ya no se define con respecto a la noción médica de homosexualidad, pero tampoco se conforma con la reducción de la identidad gay a un estilo de vida asequible dentro de la sociedad de consumo neoliberal. Se trata por tanto de un movimiento post-identitario: "*queer*" no es una identidad más en el folklore multicultural, sino una posición de crítica atenta a los procesos de exclusión y de marginalización que genera toda ficción identitaria. El movimiento "*queer*" no es un movimiento de homosexuales ni de gays, sino de disidentes de género y sexuales que resisten frente a las normas que impone la sociedad heterosexual dominante, atento también a los procesos de normalización y de exclusión internos a la cultura gay: marginalización de las bolleras, de los cuerpos transexuales y transgénero, de los inmigrantes, de los trabajadores y trabajadoras sexuales... (Preciado, para. 4)

Como se aprecia en la cita, la subjetividad *queer* es un abanico de conceptos que se intersectan con otros conceptos, creando interseccionalidades de género, raza, etnia, clase, sexo, cuerpos, etc. Ahora bien, la función de esta subjetividad, "es que afirma que nuestros cuerpos y nuestras sexualidades y subjetividades están construidas socialmente" (Coll-Planas 56). Y estas interseccionalidades son representadas en este caso por mujeres autoras *queer*, las cuales escriben desde el constructo de cuerpos metafóricos que personifican las diferencias sexuales y con ello crean un balance entre cuerpo socialmente construido y cuerpo material.

Aunado a esto, Michel Foucault apunta "la sexualidad forma parte de nuestro comportamiento, es un elemento más de nuestra libertad. La sexualidad es obra nuestra –es una creación personal… a partir y por medio de nuestros deseos, podemos establecer nuevas modalidades de relaciones, nuevas modalidades amorosas y nuevas formas de creación" (Foucault, Sexo, para.1). Si partimos de estas ideologías, entonces se puede entender que todo sujeto social debe o debería edificar de manera personal su sexualidad y deseo; y debe o debería establecer cómo y con quién quiere relacionarse en su entorno social; además, Coll-Planas agrega:

> Explicar nuestras contradicciones, lejos de debilitarnos, contribuye a construir discursos más democráticos y más honestos: mostrando sin pudor que nuestras palabras, lejos de ser universales, son emitidas desde posiciones particulares; que, en vez de pretender ofrecer verdades absolutas, aportan respuestas parciales, inestables, tentativas sobre cómo leer y transformar las realidades que nos oprimen, que nos empobrecen, que nos ahogan. (99)

La cita ratifica la idea de que cada individuo social debe narrar sus historias, y crear con ellas un espacio de inclusión de nuevas prácticas sociales, donde la verdad absoluta no se maneja, porque no existe, empero, las voces de la comunidad, en este caso la comunidad LGTBQII, sí generan una verdad social e histórica que necesita ser escuchada y leída; verdad que se proyecta a lo largo del texto de Odette Alonso.

En relación directa con lo anterior, debemos pensar que como sociedad en general estamos condicionados y/o predestinados para percibir la normatividad como sinónimo de hegemonía, y creemos que solo dentro de esta normatividad funcionamos como colectividad progresista. Lo cual resulta en una equivocación ya que al concebir lo 'normal' como funcional estamos como sociedad encasillando a lo diferente como algo abyecto. Se puede observar, tanto en el texto ficcional como en la vida real a través de los años, que el cuerpo y el concepto de la mujer han sido tratados como un bien social, como objeto de apropiación colectiva, como objeto sexual, como objeto satánico que provoca el pecado y el deseo de los hombres. Asimismo, el 'cuerpo' físico de la mujer se proyecta carente de voluntad propia y a la espera del permiso del hombre para actuar. Como lo advierte, Elsa Muñiz retomando las ideas de Michel Foucault, "En toda sociedad el cuerpo queda ceñido a la fuerza de poderes que les imponen coacciones, interdicciones u obligaciones…" (Muñiz 94). Además, algunas de las funciones que se le atribuyen a la mujer por parte del sistema patriarcal es la de hija, madre o prostituta; lo cual provoca un estancamiento de la mujer socialmente. Lo que a su vez, propone que el 'futuro' y 'representación' de la mujer y de su cuerpo no radica en su voluntad. Tanto Michel Foucault como Marcela Lagarde concuerdan que el cuerpo de la mujer está en cautiverio de su sexualidad (maternidad y cuerpo que causa placer a otros) lo que lo convierte en un cuerpo dócil (en Muñiz 99).

La mujer no es dueña de su cuerpo, de su deseo ni de su imaginación; además, es necesaria la intervención masculina para que esta 'despierte' y adquiera 'cierta' voluntad, la cual está ceñida a la voluntad del hombre. Igualmente, se percibe que han existido y siguen existiendo tratados que indican cómo debe ser el rol y la función de la mujer, dichos tratados han sido diseñados e implementados por el hombre, lo que a su vez permite que exista un aplazamiento en el proceso de autonomía de la mujer.[43] De igual forma, Baudrillard explica, "La sexualidad es esta estructura fuerte, discriminante, centrada en el falo, la castración, el nombre del padre, la represión. No hay otra. De nada sirve soñar con una sexualidad no fálica, no señalada, no marcada" (Baudrillard, 14).

Lo diferente suscita nuevas sexualidades o nuevas prácticas sexuales. Es aquí donde el cuerpo tanto del hombre como de la mujer adquiere también nuevas funcionalidades "todo lo femenino es absorbido por lo masculino –o se hunde, y ya no hay ni femenino ni masculino: grado cero de la estructura" (14). Al anular lo femenino y lo masculino se permite la proliferación de sexualidades alternativas o periféricas y con ello nuevas identidades e interseccionalidades. El cuerpo se plantea de una manera ajena a la normativa, donde el placer y deseo sexual radica en la acción de penetrar y ser penetrado, lo que da como resultado que el cuerpo ya no importa si es femenino o masculino porque es la acción lo que provoca el placer y/o deseo.

Por medio de sus personajes femeninos, Odette Alonso, desnaturaliza las representaciones del comportamiento sexual heterocéntrico y deja ver las relaciones homoeróticas femeninas desde un lenguaje poético que trastoca los significados del cuerpo femenino y reconstruye un cuerpo femenino lésbico *queer*. Además, el cuerpo se exhibe como perceptor del goce y del deseo mismo, al

---

43 Antes este tipo de percepciones masculinas la mujer ya había reaccionado; por ejemplo, Simone De Beauvoir en 1949 escribe el libro *Le Deuxième Sexe,* donde argumenta: "Women, therefore, have never composed a separated group set up on its own account over the against the male grouping" (Beauvoir 71). Beauvoir cuestiona de manera directa las prácticas sociales que no estaban basadas en la equidad, incluso arguye que a través de la historia el hombre ha confinado a la mujer a un espacio y representación que no le pertenece; y de esta manera el hombre puede mantener el control sobre ella. Asimismo, el hombre al no entender a la mujer la representa por medio de tabúes porque de esta manera se puede 'satanizar' o 'demonizar' su presencia y con ello logra perpetuar el *estatus quo* masculino.

adjuntar el deseo con el cuerpo, se logra subvertir la función única de la sexualidad como reproductora, y así se abre paso a nuevas dinámicas y funciones sexuales. Entonces, la escritura de Odette Alonso se puede concebir transgresora, porque funciona como paradigmas elaborados entorno a la sexualidad y a las identidades de género, lo que induce a un desaprender y a un reaprender lo que es el deseo y la subjetividad lésbica/*queer*.

De esta manera, la narrativa de Alonso exhibe el reconcomio de la mujer de vivir la sexualidad desenvuelta y libre. Para poder lograrlo, edifica una subjetividad contestataria a los patrones de conducta establecidos, donde emergen 'otros' modelos de conducta, con una sexualidad fluida y una conciencia propia del cuerpo y del deseo. Además de que la identidad femenina, de una u otra forma, se presenta violentada. Esa violencia se dirige sobre todo en contra de las mujeres y/o sujetos sociales que no cumplen con los parámetros que la sociedad les ha impuesto. Coll-Planas explica "Según Llamas (1998:146), lesbianas, gays y trans son agredibles precisamente porque se les atribuye un deseo de muerte: <ya no se trata de que "se merezcan" la muerte, sino de que la llevan dentro de sí>" (Coll-Planas *La voluntad* 104).[44] Estas asociaciones de muerte y violencia le facultan características generalizadas a las mujeres y a la comunidad LGTBQII de abyectos y, con ello, se justifica el deseo de violentar a estos sujetos sociales. La negación de estos ciudadanos por medio de la violencia es un intento de restablecer el orden, de asegurar un mundo social heteronormativo y de perpetuar los valores tradicionales clásicos. De igual manera, socialmente, cualquier mujer o sujeto de la comunidad LGTBQII que se salga de las expectativas impuestas por el hombre se le considera un peligro para el *status quo*. Sin embargo, a las mujeres, aunque cumplan con los parámetros impuestos se les sigue constriñendo para que continúen con sus funcionalidades tradicionales. De este modo el agresor o el sistema patriarcal reafirma su poder usando la fuerza. De ahí, que la violencia sea entonces un mecanismo que la sociedad patriarcal ha establecido como un dispositivo válido para mantener lo establecido y así evitar a toda costa el crecimiento individual de la mujer.

En sociedades globalizadas, como lo son la mexicana y la cubana, la violencia hacia la mujer es un padecimiento social perenne, e intentar explicar los porqués resulta casi una misión imposible de llevar a cabo; puesto que no se podrían ignorar los marcos sociales que la hacen posible ni, mucho menos, negar las

---

44 La asociación entre homosexualidad y muerte explica Coll-Planas encuentra su punto álgido en la década de 1980 a raíz de la epidemia del sida (Coll-Planas *La voluntad* 104). Porque si se era homosexual se le vinculaba automáticamente con tener sida, y por lo tanto, su muerte era inminente.

jerarquías que nutren a toda sociedad. No existe ningún apoyo gubernamental que trascienda el desarrollo de identidades fluidas, de identidades abiertas, ni aquellas que resistan las relaciones desiguales de poder. En una metrópolis globalizada, como lo es la ciudad de México, es común ver que golpeen a una mujer y no hacer nada; de igual modo, las violaciones a niñas y niños la mayor parte del tiempo quedan sin castigo. Odette Alonso es consciente de este problema y en el apartado "Santa Fe" denuncia un acto de violación y nos hace reflexionar de cuál es el papel que debemos tomar como ciudadanos. El texto "Santa Fe" empieza cuando una pareja de mujeres llega a la casa de unos amigos y se suscita un ritual carnavalesco, donde después de varios tragos Rolando viola a la hija de su hermano, la pareja es testigo del brutal acto "Nosotras somos dos maniquíes, detenidas en la imagen del espejo" (Alonso 18), la cita deja ver claramente que las testigos, las dos mujeres, no hicieron nada.

No obstante, la desvinculación a los hechos, la presencia del espejo nos permite entender lo que Maria Akrabova explica "[...] el espejo puede representar una superficie de cristal que, junto con la ventana, forma los marcos dentro de los cuales se limita la experiencia femenina; por otro lado, puede ser un objeto hacia el cual está dirigida la mirada exploradora de un sujeto femenino consciente" (Akrabova 9). En este caso la mirada no es exploradora sino acusadora, además, nos destapa la degradación en la que coexistimos. Rolando después de terminar con la niña se arrima con su miembro de fuera a la pareja e intenta continuar su coito, "Reacciono y me separo con violencia. Dania y Rolando parecen despertar. En el espejo, somos como tres piezas recién separadas de su centro que, perdida la estabilidad, flotarán unos instantes antes de caer al suelo estrepitosamente" (19). En ese instante la pareja sale de su inmovilidad y después de tomar conciencia de lo que acontece salen de la casa en silencio y no se dice ni una palabra.

El espejo actúa como una alocución a doble voz, donde, una imagen es la revaloración del cuerpo femenino ultrajado, y la segunda imagen, es el intento del cuerpo femenino de resguardar lo que queda de él, "Vuelvo a verme como hace rato en el espejo, empuñando un arma, y lo suelto como si quemara" (19). El texto implica que la violación sexual está permitida y que el hombre que la realiza es porque considera que puede hacerlo, la idea de quedarse detenidas sin hacer nada y en silencio sugiere la fuerte presencia de la impunidad, y devela la violencia contra la mujer como un acto casi natural; empero, la autora no deja que este acto pase desapercibido y es a través del espejo que la memoria queda aprendida, y aunque se calle no puede ser borrada, y por lo tanto existe. El texto, además, fragmenta el carácter normativo de la sexualidad y nos presenta un estilo de vida regulado por un falso 'poder' falocéntrico, desarticulando así el sentido coercitivo de las sexualidades normativas.

Es relevante mencionar que el pensamiento patriarcal por siglos ha sembrado la idea de la inferioridad de la mujer, y ha edificado una cultura de sobresexualización hacia esta. Rosa Cobo Bedia añade, "Las mujeres, por tanto, fueron heterodesignadas como seres sexuales en el sentido de seres dotados para la procreación. Sin embargo, la asignación social de la reproducción como tarea femenina se ha expresado en un contexto simbólico binario en el que las mujeres fueron definidas como naturaleza y los varones como cultura…" (Cobo 9), lo anterior expone que la mujer y su cuerpo son objetos de no voluntad y de no poder, donde, "los hombres miran, y las mujeres se miran mientras son miradas,…" (14). Entonces, la mujer y su cuerpo, al ser pensados como sujetos sociales, son prisioneros de sus representaciones, convirtiéndose en depositarios de opresión y subordinación.

La agresión hacia la mujer también se observa en el texto "Un puñado de cenizas", donde se retrata la historia violentada y caótica de Mariana y Yanela. Mariana es secretaria del comité de base de la juventud comunista, y Yanela es artista plástica de una provincia. Yanela se enamora apasionadamente de Mariana y se va a vivir a la Habana con tal de estar cerca de ella, a pesar de que Mariana está casada y tiene unos padres ultraconservadores, ellas celebran su amor en un cuarto de azotea. La narrativa expone abiertamente la situación de rechazo y de negación para la comunidad LGTB en Cuba. Es un relato que se acerca a una realidad sujeta a un régimen político arcaico, con huellas de dictadura que dificulta la configuración de un 'yo' sexual libre. De ahí la necesidad de incluir y visibilizar al sujeto y cuerpo *queer*. Susana López Penedo explica, que la teoría *queer* propone "La hibridación como única forma de resistencia contra las ideologías homogeneizadoras" (López Penedo 19).[45] La hibridación es el puente que conecta las diversas representaciones tanto *queer* como femeninas con sus sexualidades fluidas; de este modo, se construye un sistema plural de representaciones e intencionalidades. Cabe resaltar que el cuerpo no debe 'encerrarse' como algo inmóvil; el cuerpo también sufre trasformaciones y con ello adquiere identidades múltiples. Por ejemplo, la identidad del travesti, del transgénero o del intersexo, todos ellos acaecen de cambios constantes, lo que da como resultado la identidad *queer* actual.

---

45 Asimismo, añade "La teoría queer incluye los estudios que plantean una interpretación materialista de las desigualdades existentes entre diferentes sectores de la sociedad, desigualdades que van más allá de la clase social, y que afectan también a otros aspectos de raza, la etnia y la sexualidad. Asimismo, la teoría queer abarca los estudios que intentan legitimar las sexualidades no normativas, mediante la teorización de un deseo y erotismo queer" (López Penedo 18).

La autora narra la violencia de una forma tan natural y tan cotidiana que nadie la percibe. Tal y como pasa en la vida real, la violencia coexiste en el silencio de los hogares, abrigada en el lecho del matrimonio. De igual manera, el texto exhibe la creciente germinación de una identidad *queer* que cohabita con la mujer, y ambos grupos son identificados como sujetos marginados. Odette Alonso reconstruye por medio de Yanela y Mariana una subjetividad fluida que representa múltiples identidades e interseccionalidades, donde el sujeto femenino se materializa en una subversión del cuerpo femenino y de las sexualidades desestabilizando el *estatus quo* socialmente establecido. Yanela y Mariana no pueden materializar su amor, porque tienen todo en contra: el sistema, la familia, la sociedad, el marido, etc., cuando queda al descubierto su amorío el padre de Mariana corre a Yanela, y con ello Mariana piensa que la relación se termina. Sin embargo, Yanela procura a Mariana en su trabajo y en el baño tienen un encuentro pasional, al ser descubiertas despiden a Mariana y se van juntas, sin tener un lugar a donde ir; Yanela recurre a un vendedor de drogas, Tony, para que les dé posada, mientras deciden que van a hacer. En una tarde Yanela le dice a Mariana, "Dásela, Mar. Nada más es una mamadita y él nos va a dejar quedarnos" (50).

En la cita es una mujer la que le pide a otra mujer a que acceda a ser usada sexualmente para poder dormir bajo un techo. Conjuntamente, Yanela participa en la agresión "[…] Tony la haló de nuevo, le metió el lingote dentro de la boca y empujó su cabeza hacia delante… 'Mámale el culo', lo oyó ordenar y sintió las manos de Yanela abriéndole las nalgas y la lengua metiéndose en la ranura" (50). Ya no se tiene la agresión por parte del hombre solamente, ahora la mujer es copartícipe, lo que nos lleva a pensar que la violencia sobrepasa los límites de la cordura social en pos de subsistir. Durante años las feministas han denunciado estos actos delictivos; además, han intentado explicar cómo funcionan estos mecanismos de violencia. Marcela Lagarde define "el feminicidio como el genocidio contra mujeres y sucede cuando las condiciones históricas generan practicas sociales que permiten atentados violentos contra la integridad, la salud, las libertades y la vida de niñas y mujeres" (Lagarde El feminicidio 155). El trabajo de estas mujeres es el de escuchar las voces y las experiencias de las mujeres que han sido objeto de violencia, y/o que han sido testigos mudos de estos actos. El trabajo de Odette Alonso a través de su texto es de exponernos a una realidad brutal y de este modo podemos concebir que los actos violentos antes asociados al sujeto masculino, hoy se extienden a la mujer también. La mujer para poder tener un bienestar social emula el realismo violento en el que cohabita, sin importar que ella misma genere violencia, de este modo se revela una realidad desalentada y pesimista.

El patriarcado en el que vivimos obedece a un sistema hegemónico en torno al cual se disponen dispositivos de regulación del cuerpo femenino, es sabido que la violencia hacia la mujer ha ido en aumento en los últimos años, de igual modo se entiende que el Estado al no asumir su responsabilidad, justifica la impunidad en la que vivimos. Por ejemplo, Mariana después de ser ultrajada por Tony y Yanela sale huyendo y queda a la intemperie, Yanela no la defiende y se queda con Tony. Al día siguiente Mariana regresa por sus cosas y se da cuenta que Yanela estaba ahí por su adicción a la cocaína, tienen un intercambio violento y Mariana termina matando a Yanela, "Tomó un trapo y limpió sus huellas sobre la tranca… sacó de la mochila de Yanela el carné de identidad, la agenda y el poco dinero que había en el bolsillo. Todo lo echó a su propia mochila…se puso la camisa de Yanela sobre la camiseta salpicada de sangre, se echó su mochila al hombro… y se iba alejando por la acera soleada" (Alonso, 53). La cita esboza una realidad social de sofocación y de padecimiento donde la libertad sexual es irrealizable, y donde los sujetos sociales *queer* adormecen el dolor con aletargantes. Además, la representación de la violencia se relaciona íntimamente con los códigos sociales que definen la hegemonía, Mary Louise Pratt indica, "la violencia de un hombre contra una mujer se considera como afirmación o actuación del contrato social, o como evidencia de su poder excesivo" (93), lo anterior permite justificar entonces, que la sociedad se constriñe en torno a acuerdos sexuales basados en un régimen de género estructurado sobre la autoridad masculina, donde la mujer queda recluida a la subordinación. Odette Alonso al desintegrar estos acuerdos y códigos, nos visibiliza el trauma del que es objeto la mujer lesbiana en Cuba.

La discursividad que Odette Alonso propone para que la mujer sea libre, debe transitar de objeto pasivo a activo. Por esta razón, los personajes del texto necesitan apoderarse de sus cuerpos y deseos. La mujer por ella misma debe rehabilitar su identidad femenina para dejar de ser cosificada. El texto comienza con el apartado "Con la boca abierta" que es la historia de Claudia, una mujer que estando en consulta, siente un deseo sexual por su dentista, la cual es una mujer casada. En la segunda visita, Claudia mientras está con la boca abierta para su tratamiento, abre también su mundo imaginario y da rienda suelta a su deseo, "Mis manos se alzan y le quitan el cubreboca. Ella baja hasta mis labios y los envuelve, su lengua entra en mi boca como una serpiente tibia. Listo. Abro los ojos. Ya te habías dormido, ¿verdad? (Alonso 8) la pregunta nos hace pensar que Claudia se queda dormida, y que es en el inconsciente que da rienda suelta al deseo. Asimismo, es el subconsciente donde Claudia acepta sus sentimientos, más tarde Claudia llama para hacer una cita de urgencia y en su mente alcanza a decir "sí, que la amo, que cada minuto sin ella es una tortura mayor que ir al dentista" (9). La cita entrevé que Claudia tiene sentimientos por su dentista, pero no los confiesa en voz alta.

El texto continúa con este juego seductivo de palabras, de roces y de silencios que van dando paso a un entretejido de imágenes y memorias que conforman el despertar sexual de Claudia, y, con ello se construye una sexualidad con un significado disímil al conocido y/o permitido, edificando un espacio propio donde se posibilita la sexualidad lésbica/ *queer*. El deseo de Claudia no puede ser ignorado, y después de un intercambio de palabras la dentista se acerca y, "En menos de un segundo estaba arrodillada en mi cama con el torso desnudo y sus pechos a unos cuantos centímetros de mis ojos bizcos… Ella estaba desnuda sobre mí en medio de un relámpago de luz" (14). La cita exhibe el intercambio sexual entre Claudia y su amante de manera natural, y con ello, la autora faculta y visibiliza la idea del encuentro amoroso entre mujeres a la 'luz de un relámpago', inhabilitando las jerarquías de género imputadas a la sexualidad.

El cuerpo debe estudiarse y entenderse como un sujeto de yoes; se debe escribir desde el cuerpo y desde su deseo; y se debe usar al cuerpo de forma voluntaria. Socorro Tabuenca explica, "El sujeto-que-escribe retoma el cuerpo confiscado y lo desmitifica al describir el momento de la masturbación" (Tabuenca 65). Al partir de este precepto, la mujer dueña de su deseo resignifica al cuerpo y genera nuevas dinámicas sexuales entre el cuerpo-poder,[46] donde no existe el sistema

---

46 Cabe mencionar el concepto de Michel Foucault donde hace referencia al vínculo entre el cuerpo y el poder, donde el cuerpo humano entra en un mecanismo de poder que lo explora, lo desarticula y lo recompone, lo que genera a su vez una dinámica de cuerpos sometidos y ejercitados (el que penetra y el penetrado). *Historia de la sexualidad vol. 1.* De igual manera Rosanna Fiocchetto en su libro: *La amante celeste* explica que la norma de comportamiento heterosexual puede ser definida como "la ortopedia conceptual" (Ivan Illich) del patriarcado, sobre esta idea se han establecido leyes, costumbres, educación, religión, todos los principios sociales que se apoyan en que el hombre y la mujer deben formar una unión y reproducir, garantizando así la reproducción de los roles en el plano social por medio de la educación de los hijos propios (Fiocchetto 11). La estructura patriarcal consolida el poder del hombre sobre la mujer, lo que lleva a crear una sexualidad *aceptada* como lo natural: la relación entre hombre y mujer. Las mujeres entonces son las que están atadas a la normativa de la heterosexualidad, porque tienen como finalidad la preservación del poder masculino, el cual se alimenta de la sujeción de la mujer (12). Sin embargo, los tiempos han permitido que la mujer trasmute su finalidad y ahora la mujer se centra en la preservación de su propia intencionalidad y representación.

binario de contrarios (hombre/mujer) sino una diversificación de sexualidades.[47] Lo cual se puede observar en el texto "Reina de corazones", donde se narra la historia de un par de adolescentes que tienen una relación homoerótica a escondidas, y parte de su deseo se desenvuelve a través de la admiración mutua por Alejandra Guzmán. El apartado inicia cuando la protagonista es sorprendida masturbándose por su madre, la cual queda entelerida "La culpa de todo la tiene Alejandra Guzmán. Porque cuando entró mi madre y gritó mi nombre horrorizada, era ella quien movía mi mano" (21), a partir de este abrupto la protagonista va en retrospectiva relatando en pedazos de memoria su despertar sexual, "Es mi cuerpo el que siente venir el corrientazo, despacito y profundo, y la cara de Alejandra y mi cuerpo apretándome a la mano y estallando en el momento justo en que mi madre grita mi nombre, horrorizada" (23).

Ese acto sexual, se puede entender como un acto de resistencia, al ser la mujer capaz de darse placer así misma, sin pudor. De igual modo, la mujer logra desvincularse completamente de la idea romántica del amor hacia el 'otro', el cual debe ser un sujeto masculino; y lo consigue con la imagen de Alejandra Guzmán. Asimismo, el texto innova la idea de que solo puede existir una sexualidad, la chica adolescente tiene relaciones con Vicente "Por eso ninguna caricia fue nueva cuando llegaron los muchachos a mi cuerpo. Besar a Vicente y sentir su miembro empujando ni siquiera me asustó" (22) y, después de un tiempo la chica decide que quiere experimentar algo nuevo y tiene relaciones con Maricela, "Ya Vicente no tenía demasiada importancia. Él siempre quería lo mismo y yo necesitaba cosas nuevas. Como besar a Maricela" (22). La cita permite recrear la modalidad amorosa de la que habla Foucault, donde la conciencia del cuerpo y del deseo personal es lo que debe dictar las relaciones sexuales de cada sujeto social. La protagonista se posesiona de su cuerpo en su acto de masturbación, "Es mi cuerpo el que se pega a la cama aplastando la mano hasta casi inmovilizarla" (23) y con ello, cuestiona los paradigmas en torno a la sexualidad y desestructura la subjetividad heterosexual y lésbica representada por la mirada sistemática patriarcal. Dentro del texto el sujeto literario cobra vida y se

47 Dentro de esta diversificación sexual hago hincapié en la sexualidad lésbica y la sexualidad queer. Angie Simonis Sanpedro explica que los textos que se identifican como lésbicos son aquellos que tienen una temática que implica la relación tanto sexual, emocional como erótica entre mujeres que pueden ser o no lesbianas. Además, menciona "las categorías que manejamos son culturales y por lo tanto aprendidas. Se aprende también a ser mujer y a ser lesbiana" (Platero 242). Al final se puede deducir que la gama diversa de la sexualidad de cierta forma ha sido producto de lo preaprendido y lo predispuesto.

representa describiéndose a sí misma, ya no es necesario esconder el cuerpo y/o sentirse culpable por poseerlo, al contrario, hay que usarlo para poder escribir en él. Si se elabora a partir de la diversificación de sexualidades se pueden establecer puentes que conecten estas 'nuevas' sexualidades con 'nuevas' intencionalidades femeninas,[48] de este modo se abren espacios a 'nuevas' subjetividades las cuales representan una realidad más fidedigna de la mujer-sujeto.

El cuerpo y la memoria se interrelacionan en el último cuento del texto, "Retablo para amores imposibles", donde por medio de fotografías, cuerpos que se rozan, recuerdos y metanarrativas se proyectan memorias asociadas a sistemas morales excluyentes y a actos de resistencia, donde al final dejan la idea de la imposibilidad de ser libres. La primera historia es de Margarita y la protagonista, "Margarita esta tarde con su frío mosaico, escribo y la recuerdo avanzando entre la gente en el boulevard de San Rafael una tarde soleada de la Habana" (95), desde el inicio la autora nos sitúa en memoria y espacio, La Habana, y desde ahí entrelaza la historia de ellas y la memoria colectiva, con una memoria controlada por el régimen castrista. Margarita es una mujer que le cautiva leer y que lo hace a escondidas, porque en La Habana, esas lecturas están censuradas. La protagonista es amiga de Margarita y leen juntas a media luz, sus cuerpos de alguna manera se tocan y comparten en el mismo espacio, los textos de Milan Kundera, Lezama, Simone de Beauvoir, entre otros.

Este acto las une y las hace releer los intertextos para descubrir otras realidades, en otros espacios, como el océano Atlántico, donde se vislumbran como libres, "Los libros del índex revolucionario pasando de bolsa en bolsa, de mano en mano, de ojo ávido a ojo ávido" (96), la cita muestra la resistencia de estos personajes que se encuentran anhelosos de un lectura crítica, que de alguna manera posibilite el final del padecimiento social en el que se encuentran. La autora no solo expone que en Cuba no hay libertad de educación; sino que, además, presenta la imposibilidad del amor entre mujeres "[...] porque el de dos mujeres es un grito imperdonable en medio de una plaza rodeada de sicarios dispuestos a atacar" (97). La protagonista se enamora de Margarita, pero tiene miedo de que la rehúse, le escribe un poema, y cuando junta el valor suficiente se lo entrega, Margarita al leerlo, le dice "creo que te has confundido" (97), "aprecio tu amistad, pero esto no lo imaginaba... no sé cómo enfrentarlo" (98). La cita deja ver que la protagonista no logra salir de su silencio y Margarita se va, el relato presenta la

48 Se toma la intencionalidad de la que habla Judith Butler "El cuerpo no es un fenómeno estático ni auto idéntico, sino un modo de intencionalidad, una fuerza direccional y un modo de deseo".

idea de lo que no sucedió, y a la vez edifica una relectura que nos lleva a la reescritura del pasado y presente, donde el miedo sigue vistiendo de manera etérea a la mujer lesbiana.

Al igual que el texto anterior el que le sigue, es un relato que hace uso de metatextos, los poemas de Roque Dalton acompañan a la protagonista, quien al conocer a Clara, se enamora de ella, Clara está en la misma playa que la protagonista disfrutando con sus primos, ellas pasan tiempo juntas "estábamos acostadas una junta a la otra, perdidas en el cielo… reíamos como locas, gritábamos, pero no nos movíamos" (99), esta relación homoerótica entre ellas, continúa en el autobús hasta que llegan a la ciudad y se separan, "Fue hace dos años. Y ahora miro la foto encima de la mesa. Ella quitándose el cabello de la cara, yo achicando los ojos. Atrás el Pacífico, azulísimo. A un lado de la foto, el teléfono al que nunca llamó" (102) y solo queda la nostalgia de lo que una vez más no sucedió. La tercera narración es la conversación entre dos mujeres, donde una le dice a la otra "No se puede vivir dos vidas al mismo tiempo" (103) y siguen hablando de la vida, de las complicaciones y elecciones y como la mayoría del tiempo el deseo queda en lo imaginario, porque la realidad y la sociedad no son capaces de entender la fluidez de la sexualidad, porque asusta y por ello hay que confinarla en un "cofrecito donde la abuela guardaba sus secretos", (104) el relato termina con la pregunta "¿entonces no se puede vivir dos vidas a la vez?… sin responder, me tomo de la mano que me extiendes. Vuelvo a cerrar los ojos" (104).

Si pensamos en la entidad del cuerpo femenino y la(s) memoria(s) que en él habita(n) entonces podemos y debemos reimaginar los discursos de género y sexualidad que existen y han existido a través de la historia. Uno de estos discursos es que el cuerpo de la mujer tiene funcionalidades impuestas ajenas a su voluntad, donde la procreación, el servir a los demás y darle placer al hombre debe de ser su única finalidad. Estas ideas arcaicas del sistema patriarcal se han transferido sin muchos cambios a los tiempos actuales. Las memorias, aunque se haya intentado borrarlas, son testigos de la inmovilidad social, política y sexual de la mujer, de la mujer lesbiana y la mujer *queer* tanto en México como en Cuba. El texto *Con la boca abierta y otros textos* refleja al detalle las preocupaciones estilísticas de la autora, algo que Martín logra explicar:

> Los contenidos y cualidades de la poesía de Odette Alonso se inscriben dentro de este tejido homoerótico en su doblete marginal; o mejor, dentro de un triple marginal – recuérdese que la poeta escribe desde el también aislado cuerpo femenino – y, en consecuencia, contaminante de la anagnórisis del sujeto, el descubrimiento de las ciudades y de la insularidad. El viaje hacia dentro – y hacia fuera. (Martín 9)

La obra de Alonso se percibe como una reinvención necesaria del cuerpo de la mujer y del discurso femenino *queer*; puesto que, ella está escribiendo desde un tercer estadio o espacio marginal y no se limita solo a narrar desde la patria, la mujer y el cuerpo, sino que, además, logra incluir memoria, nostalgia y diáspora como identidades propias.

En sus obras, tanto en prosa como en poesía, se develan la violencia, el exilio, la opresión, la sexualidad y las imposibilidades de los personajes que se desplazan dentro de un locus de enunciación corpóreo propiamente femíneo. La escritora por intermedio de sus cuentos muestra un inconformismo generacional binacional que retrata la realidad que vive la mujer en México y Cuba. Son escritos llenos de historias humanas, de memorias, de cuerpos vistos como objetos culturales, sexuados y sexualizados. Son creaciones literarias en donde se denuncia a las sociedades que siguen castigando a la mujer y a la mujer *queer* específicamente por el hecho de ser mujeres; estas son comunidades humanas inmersas en una actualidad globalizada donde el neoliberalismo y consumismo han logrado adormecer a todos sus ciudadanos negándoles acceso a la compasión y comprensión de las diferencias que las conforman.

La poeta y escritora Odette Alonso con su manera de escribir y su peculiar estilo literario busca recrear y redefinir la realidad de la mujer, la mujer lesbiana y la mujer *queer*. El de ella es un lenguaje nostálgico y poético que cuestiona las memorias e historias del pasado y las globalizadas realidades modernas que se jactan de un progreso ideológico que a todas luces es ilusorio. La memoria colectiva actual es un palimpsesto de memorias del ayer. Los lienzos literarios que van siendo elaborados hoy en día no pueden omitir la violencia en contra de las mujeres, de las mujeres lesbianas donde, el deseo y la libertad sexual humanas no pueden realizarse. Al menos no para la mujer, la mujer lesbiana y las comunidades LGTBQII que moran en el planeta y que siguen buscándolas.

Bibliografía

Akrabova, Maria G. El signo y el espejo: una aproximación a lo fantástico femenino. Ediciones Eón, 2014.

Alfarache, Ángela. *Identidades lésbicas y cultura feminista: una investigación antropológica.* Plaza y Valdés, 2003.

Alonso, Odette. *Con la boca abierta y otros cuentos.* Editorial Voces en Tinta, 2017.

Alonso, Odette. *Bajo esa luna extraña.* Efory Atocha Ediciones, 2011.

Anzaldúa, Gloria. "The New Mestiza Nation: A Multicultural Movement." *The Gloria Anzaldúa Reader,* edited by AnaLouise Keating, Duke UP, 2009, pp. 203–216.

Armitage, David. "Tres conceptos de historia atlántica." *Revista de Occidente,* no. 281, 2004, pp. 7–28.

Baudrillard, Jean. *De la seducción*. Traducido por Elena Benarroch, Cátedra, 2008.

Beauvoir, Simone. *The Second Sex*. Traducido por H. M. Parshley, Vintage Books, 1989.

Butler, Judith. "Variations on Sex and Gender: Beauvoir, Wittig, Foucault." *The Judith Butler Reader*, editado por Sara Salih, Blackwell Publishing, 2004, pp. 21–38.

Cabezas Miranda, Jorge. "Odette Alonso y Carlos Alberto Aguilera: dos voces <antagónicas> de la última poesía cubana." *Confluencia*, vol. 27, no. 1, otoño 2011, pp. 157–170.

Cobo Bedia, Rosa. "El cuerpo de las mujeres y la sobrecarga de sexualidad." *Investigaciones feministas*, vol. 6, Dic. 2015, pp. 7–19. http://revistas.ucm.es/index.php/INFE/article/view/51376.

Coll-Planas, Gerard. *La carne y la metáfora. Una reflexión sobre el cuerpo en la teoría queer*. Editorial Egales, 2016.

Coll-Planas, Gerard. *La voluntad y el deseo. La construcción social del género y la sexualidad: el caso de lesbianas, gays y trans*. Egales, 2011.

Domecq, Brianda. "Puta, re-puta, re-puta-ción." *Mujer que publica… mujer pública*. Editorial Diana, 1994, pp. 37–51.

Edelman, Lee. *No al futuro: la teoría queer y la pulsión de muerte*. Editorial Egales, 2004.

Fiocchetto, Rosanna. *La amante celeste*. Estro Editrice, 1987.

Foucault, Michel. *Historia de la sexualidad Vol I*. Traducido por Martí Soler, Siglo Veintiuno Editores, 2005.

Gargallo, Francesca. "Entre amoras: la literatura de un cuerpo que disiente." Prólogo. *Entre amoras lesbianismo en la narrativa mexicana*, de María Elena Olivera C., UNAM, Centro de Investigaciones Interdisciplinarias en Ciencias y Humanidades, 2009, pp. 9–12.

Huamán Andía, Bethsabé. "Simone de Beauvoir: Confesión y escritura." *La segunda mirada: Memoria del coloquio "Simone de Beauvoir y los estudios de género"*, edición de Doris Moromisato, Ediciones Flora Tristán, 2008, pp. 18–26.

Lagarde, Marcela. *Los cautiverios de las mujeres: madresposas, monjas, putas, presas y locas*. UNAM, 1993.

Lagarde, Marcela. "El feminicidio, delito contra la humanidad." *Feminicidio, Justicia y Derecho*, Comisión Especial para Conocer y dar Seguimiento a las Investigaciones Relacionadas con los Feminicidios en la República Mexicana, 2005.

López Penedo, Susana. *El laberinto queer: la identidad en tiempos de neoliberalismo*. Egales, 2008.

Martín, Rita. "Como una luz proscrita." Prólogo. *Bajo esa luna extraña*, de Odette Alonso, Efory Atocha Ediciones, 2011, pp. 5–14.

"Michel Foucault/Sexo, poder y la política de la identidad." *Artillería Inmanente*, 20 junio 2018, https://artilleriainmanente.noblogs.org/post/2016/04/21/michel-foucault-sexo-poder-y-la-politica-de-la-identidad-entrevista/.

Muñiz, Elsa. *Cuerpo, representación y poder: México en los albores de la reconstrucción nacional, 1920,1934*. U Autónoma Metropolitana, 2002.

Preciado, Beatriz. "Historia de una palabra: queer." *Parole de Queer*, 20 junio 2018, http://paroledequeer.blogspot.com/p/beatriz-preciado.html.

Pratt, Mary Louise. "Tres incendios y dos mujeres extraviadas: el imaginario novelístico frente al nuevo contrato social." *Espacio urbano, comunicación y violencia en América Latina*, edición de Mabel Moraña, Instituto Internacional de Literatura Iberoamericana, 2002, pp. 91–105.

Simonis Sanpedro, Angie. "Yo no soy esa que tú te imaginas: representación y discursos lesbianos en la literatura española." *Lesbianas discursos y representaciones*, edición de Raquel Platero, Melusina, 2008, pp. 233–279.

Tabuenca C., María Socorro. *Mujeres y fronteras: una perspectiva de género. Fondo Estatal para la Cultura y las Artes, 1998.*

Datos biográficos de los investigadores

Hannah Carbajal recibió una doble Maestría en el español y el francés de la Universidad de Bowling Green State. Luego se graduó de la Universidad de Indiana-Bloomington, donde recibió su doctorado en literaturas hispánicas con una subespecialización en estudios franceses y francófonos. Trabajó como directora y presidenta del grupo de teatro VIDA en IU, y mantiene un interés vivaz en el teatro latinoamericano, chicanx y latinx. Su tesis doctoral, *Defining a Cultural Nation: Nationalism and Nostalgia in Puerto Rican Poetry (1930s–60s)* explora la poesía puertorriqueña de mediados del siglo XX como espacio literario en el que se puede tentar una definición de la identidad cultural, lidiar con sentimientos de alienación en una isla cambiante y conectar con comunidades globales que sufren bajo el yugo del colonialismo/imperialismo. Examina en particular la prevalencia de la nostalgia en la poesía tanto en su forma revisionista como melancólica. Le interesan las literaturas latinoamericanas, nuyoriqueñas y franco-caribeñas. Disfruta mucho de la enseñanza y de compartir ideas con sus estudiantes. Actualmente vive en el sur de California donde da cursos de español en la Universidad de Chapman.

Greg Schelonka recibió su licenciatura en estudios internacionales y español de la DePaul University en Chicago, Illinois. Después de pasar un año en Nicaragua con una beca Fulbright, hizo su doctorado en Johns Hopkins University donde escribió una tesis sobre la literatura de los años 60 en México con respecto a debates sobre la juventud, la contracultura y el Movimiento Estudiantil. Ha enseñado en Wesleyan University, Ohio State University e Indiana University como profesor visitante y actualmente enseña en Louisiana Tech University donde es un Associate Professor of Modern Languages. Ha publicado en varias revistas incluyendo más recientemente en las internacionales *Academus* y *Centroamericana*. Actualmente funge como Book Review Editor de *MARLAS* y prepara un libro sobre la novela y filmes criminales en México, América Central y Brasil.

Demetrio Anzaldo González estudió en la Universidad Nacional Autónoma de México, el Colegio de México, el instituto Politécnico nacional. Después de incursionar brevemente en el periodismo y la televisión mexicana, escogería la carrera de Literatura. Es un profesor e investigador independiente, egresado de la Universidad de California en Irvine. Se doctoró con una tesis sobre la novela mexicana. Su valioso estudio se convertiría en el libro *Género y ciudad en la novela mexicana*. México: UACJ, 2003. De acuerdo a la crítica literaria, este, sigue teniendo un gran impacto en sus lectores. Puesto que es: "una labor impresionante al iluminar y relacionar estas novelas que nos abren nuevas perspectivas sobre la grandeza y la miseria de la capital de México" (Julian I. Palley). Ha sido profesor visitante en numerosas universidades en los Estados Unidos, en Costa Rica y en su natal México. En el momento presente, realiza un estudio sobre las escritoras mexicanas en las que emplaza las imbricaciones de la memoria, el mito y el movimiento social revolucionario. Se enfoca en esa interminable relación entre la imagen y la palabra dentro del contexto político social y cultural. En su tercer proyecto de investigación hace una comparación entre la cinematografía y la literatura mexicana en relación a los movimientos sociales que continúan gestando en el territorio mexicano.

Verónica Quezada completó sus estudios de licenciatura y posgrado en *University of California, Irvine*. Recibió su doctorado en español, con énfasis en literaturas latinas y chicanas. Escribió su disertación sobre el desempeño de la identidad de la chicana y latina en la literatura contemporánea. Además, analiza y enseña literaturas latinoamericanas, estudios fronterizos y cultura de masas. Es *Assistant Professor* en *Soka University of America*, Aliso Viejo, CA.

Gabriela Valenzuela Navarrete es licenciada en traducción de idiomas por la Universidad Intercontinental (UIC), maestra en letras mexicanas por la Universidad Nacional Autónoma de México (UNAM) y doctora en letras modernas por la Universidad Iberoamericana (UIA), además de egresada del diplomado en Creación Literaria de la Escuela de Escritores de la Sociedad General de Escritores de México. Su investigación doctoral se centró en los cuentistas mexicanos nacidos en la década de los setenta. Es miembro del Sistema Nacional de Investigadores. Ha sido colaboradora de varios suplementos y revistas como *La Jornada Semanal, unomásuno, Cultura urbana, Casa del Tiempo, El universo del Búho* y *Blanco Móvil*. Es también editora de la antología virtual *Cinco décadas de cuento mexicano*, junto con Héctor Perea, proyecto interinstitucional entre la UNAM, la UACM y las universidades de La Sapienza-Roma, la Sorbona, Leeds y Liverpool. Es autora del libro *Cuento 2.0. Consideraciones sobre el cuento mexicano en la era de Internet*, publicado por la Universidad Iberoamericana. Desde 2005 es profesora-investigadora de tiempo completo en la Universidad Autónoma de la Ciudad de México en la Academia de Creación Literaria.

Guadalupe Pérez Anzaldo es doctora en letras latinoamericanas por la University of California, Irvine (2006). Desde el 2010 es profesora e investigadora en la University of Missouri-Columbia; así como también es Directora de los Estudios de Subgrado en dicha institución académica. Ha publicado dos libros: *Memorias* *pluridimensionales en la narrativa mexicana. Las mujeres judíomexicanas cuentan sus historias* (2009), y *El espectáculo de la violencia del siglo XXI* (2014). Además, varios artículos de su autoría han sido publicados en revistas literarias como *Revista Iberoamericana, Ámbitos feministas, Revista de Literatura Mexicana Contemporánea, Alba de América, Confluencia* y *Ciberletras*, entre otras. Ha participado en numerosos congresos de literatura, cine y cultura en Estados Unidos, México, España, Costa Rica, Chile y Alemania. En el verano del 2009, fue profesora visitante como parte del programa University Studies Abroad Consortium (USAC) en la Universidad Andrés Bello de Santiago de Chile donde enseñó un curso de literatura latinoamericana.

Cynthia Meléndrez recibió su licenciatura y maestría en español de la Universidad Estatal de San Diego en San Diego, California. Después recibió su doctorado en literatura fronteriza-chicana siglo veinte y veintiuno con un enfoque en los estudios de la frontera por parte de la Universidad de Nuevo México, en Albuquerque, Nuevo México. Sus intereses de investigación y enseñanza se centran en el cine chicano, latino y mexicano, del siglo XXI; en la literatura fronteriza, chicana y latina del siglo veinte y veintiuno; en la identidad y subjetividad mexicana; en las formaciones comunitarias nacionales y transnacionales; y en la identidad *queer* mexicana-fronteriza a través de representaciones culturales y cinematográficas. Ha publicado ensayos académicos en varias revistas y también ha publicado cuento y poesía. Actualmente enseña clases de literatura mexicana, chicana y latinoamericana y clases de español en la Universidad Estatal de San Marcos, en San Marcos, California, Estados Unidos.

www.ingramcontent.com/pod-product-compliance
Lightning Source LLC
Chambersburg PA
CBHW060756310726
48980CB00002B/117

* 9 7 8 3 6 3 1 8 1 8 4 9 7 *